KB167319

_____학교 ____학년 ____반 _____의 책이에요.

신나는 **교과 체험학습** 시리즈 이렇게 활용하세요!

'체험학습'이란 책에서나 수업 시간에 배운 지식을 실제 현장에서 직접 경험해 보는 공부 방법이에요. 단순히 전시된 물건을 관람하거나 공연을 보는 것이 아니라 학습을 하기 전에 미리 필요한 정보를 조사하는 것까지를 포함한 모든 활동을 의미해요. 어떻게 공부할 것인지를 준비하면 그렇지 않은 경우보다 훨씬 더 많은 것을 보고 느끼게 되겠지요. 이 책은 체험학습을 하려는 어린이들에게 좋은 길잡이 역할을 할 거예요.

① 가기 전에 읽어 보세요

이 책은 체험학습 현장을 어린이들이 쉽게 이해할 수 있도록 풀이한 안내서예요. 어린이들이 직접 체험학습 현장을 찾아가는 데 필요한 정보가 들어 있어요. 체험학습 현장을 가기 전에 꼼꼼히 읽어 보세요.

② 현장에서 비교해 보세요

우리는 살아가며 항상 지도의 도움을 받아요. 우리 주변에서 볼 수 있는 지도의 종류에는 무엇이 있는지, 생활 속에서 지도를 유용하게 사용하기 위한 방법에는 무엇이 있는지 찾아보세요. 자, 그럼 지금부터 지도의 세계로 함께 떠나 보아요.

❸ 스스로 활동해 보세요

이 시리즈는 단지 지식을 전달하기 위한 교양서가 아니에요. 어린이 여러분이 교과서로 수업 시간에 배운 내용을 실제 현장에서 직접 체험하며 익힐 수 있도록 다양한 활동 내용을 담았지요. 책 중간이나 뒷부분에 이해를 돕기 위한 활동이 있으니 꼭 스스로 정리해 보세요.

❹ 견학 후 활동이 다양해요

체험학습 후에는 반드시 견학 후 여러 가지 활동을 해 보세요. 보고서 쓰기, 신문 만들기, 그림 그리기 등을 통해 체험학습에서 보고 들은 내용을 다시 한번 정리하면 알찬 체험학습이 될 거예요.

신나는 교과 체험학습 22

종이 한 장에 담은 넓은 세상 지도

초판 1쇄 발행 | 2008. 9. 1.
개정 2판 6쇄 발행 | 2023. 11. 10.

글 대동역사기행 | **그림** 유남영

발행처 김영사 | **발행인** 고세규
등록번호 제 406-2003-036호 | **등록일자** 1979. 5. 17.
주소 경기도 파주시 문발로 197(우10881)
전화 마케팅부 031-955-3100 | 편집부 031-955-3113~20 | 팩스 031-955-3111

값은 표지에 있습니다.
ISBN 978-89-349-8532-7 64000
ISBN 978-89-349-8306-4 (세트)

좋은 독자가 좋은 책을 만듭니다. 김영사는 독자 여러분의 의견에 항상 귀 기울이고 있습니다.
전자우편 book@gimmyoung.com | 홈페이지 www.gimmyoungjr.com

어린이제품 안전특별법에 의한 표시사항
제품명 도서 **제조년월일** 2023년 11월 10일 **제조사명** 김영사 **주소** 10881 경기도 파주시 문발로 197
전화번호 031-955-3100 **제조국명** 대한민국 ⚠️**주의** 책 모서리에 찍히거나 책장에 베이지 않게 조심하세요.

종이 한 장에 담은 넓은 세상

지도

글 대동역사기행 그림 유남영

주니어김영사

차례

지도를 만나러 가기 전에

미리 준비하세요

준비물   사진기, 필기도구, 수첩,
         《지도》 책

미리 알아 두세요

1. 단체 관람을 하려면 미리 예약해야 해요.
2. 박물관마다 지도와 관련된 기획 전시가 많아요. 관심 있는 전시가 어디에서
    열리는지 확인하고 가세요.
3. 전시실 안에 음식물을 가지고 들어갈 수 없어요.
4. 관람 시간과 휴관일은 각 장소에 따라 변경될 수 있으니, 꼭 확인하고 가세요.

지도를 볼 수 있는 곳

• 지도박물관
국토와 지리의 변천 과정과 측량 및 지도 제작에 관련된 역사적 유물과
자료가 체계적으로 전시되어 있어요.

관람 시간	오전 10시 ~ 오후 5시(점심시간 12시~13시 임시휴관)
입장료	무료
휴관일	1월 1일, 설 연휴, 추석 연휴, 주말
전화	031-210-2700
주소	경기도 수원시 월드컵로 92
홈페이지	http://ngii.go.kr

※ 단체로 관람하려면 인터넷으로 접수해야 해요. 지도박물관의 수용 인원은 300명(하루)이에요.

• 경희대학교 혜정박물관
우리나라에 최초로 설립된 최대 규모의 고지도 전문 박물관이에요.

관람 시간	오전 10시 ~ 오후 4시
입장료	무료
휴관일	토요일, 일요일, 공휴일
전화	031-201-2011~4
주소	경기도 용인시 기흥구 덕영대로 1732
홈페이지	경희대학교 중앙도서관 4층
	http://oldmaps.khu.ac.kr

※ 그 밖에 서울대학교 규장각에서도 대동여지도를 비롯한 많은 지도를 볼 수 있으며,
    각 국립박물관에서도 많은 지도 자료를 볼 수 있어요.

지도는요······

　여러분은 지도를 사용해 본 적이 있나요? 우리는 보통 잘 모르는 곳을 찾아가거나 길을 잃어버렸을 때 지도를 이용하지요. 지도 안에는 어떤 것들이 숨겨져 있을까요?

　지도는 한자로 '地圖', 땅 '지(地)' 자에 그림 '도(圖)' 자를 써요. 즉 땅을 그린 그림이라는 뜻이지요. 그래서 지도를 '세상을 담은 그림'이라고도 한답니다.

　그렇다면 지도는 언제, 어떻게 만들어졌을까요? 지도에는 어떤 것들이 표시되어 있는지, 또 어떤 종류가 있는지 궁금하지요? 지금부터 지도에 대한 여러 가지 사실을 알아보고 지도와 관련된 자료가 많이 전시되어 있는 여러 지도박물관도 구경해 봐요. 자, 출발할까요?

아, 지도가 땅을 그린 그림이라는 뜻이구나!

지도의 역사

우리는 매일 생활 속에서 지도를 이용해요.
지하철을 타면 노선도를 보며 내릴 역을 확인하고, 여행을 갈 때는
내비게이션을 이용해 모르는 길을 찾아가요.
박물관이나 미술관을 찾아갈 때도 지도를 이용하지요.
그렇다면 지도는 처음에 어떻게 생겨났고,
어떤 모양이었을까요?
또 어떻게 발달했을까요?
지금부터 함께 알아봐요.

지도가 어떻게 발달했는지 더 자세히 알고 싶은걸?

한자로는 地圖 라고 쓰지. 땅을 그린 그림이라는 뜻이야.

지도란 무엇일까요?

실제 땅의 모습을 작게 줄여서 여러 가지 기호를 이용하여
그림으로 옮겨 놓은 것이에요.

넓은 곳을 그림에 담으려면 이렇게 작게 줄여서 그려야 한단다.

지도는 어떻게 생겨났을까요?

글자가 생기기 훨씬 이전에 먹을 것이 있는 곳이나 안전한 곳을 그림으로 표시하면서 생겨났어요.

여기에 지도를 새겼구나.

바빌로니아 점토판 지도
세계에서 가장 오래된 지도예요.

지도는 어떻게 발달했을까요?

모래나 흙, 조개, 가죽, 돌이나 바위 등에 그린 지도 → 파피루스, 천, 종이 위에 그린 지도 → 컴퓨터, GPS 등 첨단기기를 이용한 지도

우리나라 지도의 역사

삼국 시대와 고려 시대 문헌에 지도를 만들었다는 기록이 있지만 전해 오는 지도는 없어요. 조선 시대에는 활발히 지도를 만들었으며, 오늘날 전해 오는 옛 지도의 대부분이 이때 만들어졌어요.

대동여지도(1861년)
오늘날의 지도에 버금가는 최고의 고지도예요.

혼일강리역대국도지도(1402년)
우리나라 최초의 세계 지도예요.

중국을 굉장히 크게 그렸네? 우리나라는 어디 있을까?

지도란 무엇일까요?

우리가 일상생활에서 쉽게 접하는 지도를 한번 떠올려 보세요. 비슷해 보이지만 서로 다른 기능을 가지고 있고, 다르게 표현되어 있어요. 그렇다면 지도란 무엇이며 언제 필요한지, 또 지도가 왜 중요한지 알아볼까요?

지도란 무엇일까요?

지도란 거리가 너무 멀거나 장소가 매우 넓어서 우리 눈으로 직접 볼 수 없는 곳을 한눈에 볼 수 있도록 그림으로 그린 것이에요. 그래서 다른 지역이나 다른 나라에 여행을 가려는 사람은 직접 그곳에 가기 전에 미리 지도를 통해 확인할 수 있어요.

또한 지도에는 여러 가지 '정보'가 들어 있어요. 지도를 통해 지금 내가 있는 곳은 어디쯤인지, 우리나라는 지구의 어디에 있으며 우리나라의 옆에는 어떤 나라들이 있는지 등의 정보를 얻을 수 있어요.

지도는 언제 사용할까요?

지도는 모르는 곳을 찾아가거나 어느 곳의 이름을 알고 싶을 때, 길을 잃어버렸을 때, 여행의 일정과 계획을 세우는 데 사용해요. 국가나 단체에서는 여러 가지 통계 지도나 지형도 등을 국가 발전 계획을 세우는 데 사용하지요.

아하!
지도가 이렇게
많은 곳에 유용하게
쓰이는구나.

그러게. 난 여행
갈 때만 쓰는 건
줄 알았어.

지도가 왜 중요할까요?

불과 백 년 전만 해도 어떤 지역의 지형을 자세히 알아내어 먼저 그 지역의 지도를 만들고, 자기네 나라 땅이라고 표시하면 그 땅을 차지할 수 있었어요. 원래 섬나라인 영국이 **신대륙**이 발견된 뒤 그곳으로 가 지도를 만들면서 그 땅을 식민지로 삼은 것처럼 말이에요. 이처럼 예전에는 한 지역의 지도를 만들어 가지고 있다는 사실만으로도 그 땅을 차지할 수 있었기 때문에 지도가 매우 중요한 역할을 했어요.

오늘날에는 국가 간의 경계선이 비교적 분명해 예전처럼 땅을 차지하기 위해 지도를 만드는 일은 없어요. 하지만 오늘날에는 지도가 곧 정보이고 힘이기 때문에 여전히 매우 중요하지요. 그래서 발전된 나라일수록 자신의 국토에 대해 자세하고 정확한 지도를 만들어요.

지금 이 시간에도 지구의 **대기권** 위에서 무수히 많은 인공위성이 지구를 돌며 지구의 곳곳을 촬영하고, 촬영한 정보를 자기 나라의 정보 센터로 보내요. 그런데 지도에는 수많은 정보가 담겨 있기 때문에, 자칫 많은 정보를 다른 나라에 제공한다면 국가적으로 위험한 상황이 생길 수 있어요. 그래서 우리나라에서는 우리나라의 지형을 자세히 알 수 있는 5천 분의 1 지도나 국가의 중요 지점을 나타낸 정밀한 지도를 외국에 내보내는 것을 법으로 금지하고 있어요.

신대륙
남북 아메리카 대륙과 오스트레일리아 대륙을 통틀어 말해요.

대기권
지구를 둘러싸고 있는 대기의 범위를 말해요. 지상에서 약 1,000킬로미터까지가 대기권에 속해요.

여기서 잠깐!

무엇일까요?

다음 중 옛날 사람들이 지도를 중요하게 여긴 이유는 무엇일까요? (   )

① 지도가 곧 정보이기 때문에

② 어떤 지역의 지도를 만들고, 자기네 땅이라고 표시하면 그 땅을 차지할 수 있었기 때문에

③ 지도에 보물이 묻힌 장소가 표시되어 있기 때문에

☞ 정답은 56쪽에

지도는 어떻게 생겨났을까요?

지금까지 전해 오는 세계에서 가장 오래된 지도는 기원전 700년경에 만들어진 바빌로니아 점토 지도예요. 하지만 이 지도가 만들어지기 훨씬 전에도 사람들이 지도를 사용한 것으로 알려져 있어요. 그렇다면 지도가 언제 생겨났으며, 어떻게 발달했는지 살펴볼까요?

지도는 언제 만들어졌을까요?

아주 먼 옛날, 사냥을 하거나 나무의 열매를 따 먹고 살던 시절이 있었어요. 어느 날, 막새라는 친구가 여태껏 먹어 보지 못한 아주 맛있는 열매를 자루 가득 따 왔어요.

"이거 어디서 땄어? 맛있다. 나도 가서 따 먹을래."

"마을 뒷산의 커다란 바위 옆에 나무가 한 그루 있는데, 그 나무에 엄청 많이 달려 있어."

사람들은 막새의 말을 듣고 뒷산으로 갔지만, 막새가 따 온 열매를 찾을 수가 없었어요. 그래서 막새는 직접 사람들을 열매를 딴 곳으로 데려갔지요.

그제야 사람들은 그 나무를 찾을 수 있었어요.

사람들은 다음번에도 그 나무를 찾아 가기 위해 열매 껍질을 자신들이 온 길에 뿌려 두었어요. 표시

바빌로니아 점토 지도

이 지도에는 두 개의 큰 원이 있는데, 원들의 안쪽에는 육지가 있고, 바깥쪽에는 육지를 둘러싼 바다가 있어요. 이 지도를 통해 그 당시의 세계관을 알 수 있어요.

어제 열매 딴 곳 좀 다시 알려 줘.

그렇지, 거기!

잘 보세요.

도통 찾을 수가 없어.

먼 옛날에는 먹을 것을 찾기 위해 흙 위에 지도를 그렸어요.

를 해 놓은 것이었죠. 하지만 다음 날 열매 껍질은 온데간데없이 사라졌어요. 산속에 사는 동물들이 다 먹어 버렸기 때문이에요.

"막새에게 가는 길을 그림으로 그려 달라고 하자."

막새는 땅바닥에 나뭇가지로 열매가 있는 곳을 그려 주었어요. 그리고 열매를 찾아가는 길에 만나게 되는 나무며 길, 바위의 특징들도 그려 주었지요.

이렇게 해서 인류의 역사에 지도가 생겨났어요. 먹을 것을 찾기 위해서 또는 가고 싶은 곳을 좀 더 쉽고 편리하게 찾아가기 위해서 지도를 만들었지요. 지도는 사람들을 더 멀리 세상 밖으로 나가게 해 주었고, 더 멀리 나가고자 하는 사람의 마음은 탐험을 가능하게 했으며, 탐험은 또 다른 지도를 만드는 원동력이 되었어요.

음, 집에서 학교까지 가는 길에 뭐가 있더라? 문방구, 슈퍼마켓, 병원, 큰 감나무. 나도 지도 한번 그려 볼까?

지도는 어떻게 변해 왔을까요?

종이가 없던 시절, 사람들은 흙 위에 지도를 그렸어요. 그런데 흙 위에 그린 지도는 시간이 지나면 금방 사라져 버렸지요. 그래서 사람들은 동굴 벽이나 점토 판, 나무 판, 돌, 동물의 가죽, **파피루스**, 조개 껍데기 등에 지도를 그렸어요. 그 뒤 천이나 종이가 발명되어 사람들은 더 많은 지도를 그렸어요.

그리고 15세기부터 17세기 사이에 이뤄진 '지리상의 발견'은 지도를 급격히 발전하게 했고 인쇄술의 발명 역시 지도가 많이 보급되는 데 큰 몫을 했어요. 현대에 이르러서는 평면적인 종이 대신 컴퓨터를 이용해 훨씬 더 정교한 지도를 만들고 있지요.

파피루스
먼 옛날 이집트에서는 파피루스라는 식물의 줄기 껍질을 벗겨 내고 그 속을 가늘게 찢은 뒤에 그것을 엮어 말려서 종이처럼 썼어요.

지리상의 발견
15세기 초 포르투갈의 엔히크 왕자가 아프리카 항로를 개척한 것을 시작으로, 콜럼버스가 아메리카 대륙을 발견하고 유럽의 각 국민이 탐험과 항해를 활발히 했던 시기를 가리켜요.

여기서 잠깐!

어디에 그렸을까요?

종이가 없던 시절, 사람들은 어디에 지도를 그렸을까요?

(   )

정답은 56쪽에

언제부터 지도를 그렸을까요?

예로부터 지도는 나라의 땅을 관리하고, 나라를 통치하는 데 꼭 필요한 자료였어요. 그래서 일찍이 삼국 시대부터 지도를 만들어 사용했지만 아쉽게도 삼국 시대와 고려 시대의 지도들은 지금까지 전해 오지 않고 지도가 제작되었다는 사실만 기록으로 남아 있어요. 지금까지 전해 오는 고지도의 대부분은 조선 시대에 만든 것들이에요. 그럼, 우리나라의 지도의 역사를 삼국 시대부터 알아볼까요?

삼국 시대의 지도

삼국 시대부터 고대 국가의 모습을 갖추기 시작했어요. 그래서 나라를 지키고, 토지 제도를 만들고, 농사지을 땅을 나누는 것과 같은 많은 이유로 지도가 필요했어요.

고구려는 영류왕 때 당나라에 사신을 보내면서 〈봉역도〉라는 고구려 지도를 보냈다고 《삼국사기》에 기록되어 있어요. 또 북한에서 발견된 고구려 고분에 그려진 요동성의 그림 지도로 보아 고구려에서 지도를 만들었다는 사실을 알 수 있지요.

《일본서기》에 백제의 지리에 관한 서적이 일본에 소개되었다는 내용이 실려 있고, 고려의 《삼국유사》에 〈백제지리지〉가 인용된 것으로 미루어 볼 때 백제도 지도를 만들었다는 사실을 알 수 있어요.

《삼국사기》를 보면 신라 문무왕 때 김흠순이 당나라에서 돌아와 신라와 백제 사이의 경계를 지도에서 살펴보았다고 기록되어 있으며, 통일 신라 경덕왕 때 〈신라구주현총도〉를 만들었다는 기록이 있는 것으로 보아 이미 삼국 시대에 지도를 만들었음을 알 수 있어요.

《삼국사기》

🔵 《삼국사기》
고려 시대에 김부식이라는 학자가 왕의 명령에 따라 펴낸 책이에요. 고구려, 백제, 신라 세 나라의 역사가 담겨 있지요. 우리나라에 전해 오는 가장 오래된 역사책이랍니다.

고려 시대의 지도

고려 시대에는 지도에 대해 끊임없이 관심을 가지고 지도의 제작 기술을 발달시켰다고 해요. 《고려사》를 보면 의종 때, 몇몇 신하가 송나라 사람과 몰래 계획해 〈고려 지도〉를 송나라에 보내려다가 들켜서 처벌되었다는 이야기가 기록되어 있어요. 이를 통해 고려가 지도를 만들었다는 사실을 확인할 수 있지요. 또한 〈양성지의 상소문〉을 보면 고려 현종 때 행정 구역을 10도에서 5도 양계로 개편하고 〈5도 양계도〉를 만들었다는 내용이 실려 있어요. 이 지도는 조선 전기의 지도 제작에 많은 영향을 주었어요. 이 밖에도 〈청구도〉, 〈삼국도〉 등을 만들었다는 사실들이 기록으로만 전해 온답니다.

《고려사》는 조선 초기에 만든 고려 시대에 대한 역사책이란다. 후세에 정치적 교훈이 되는 내용이 담겨 있지.

그렇군요!

조선 시대의 지도

조선은 나라를 세운 뒤 맨 먼저 주변 나라의 침입에 대해 방어책을 준비하려고 노력했어요. 그래서 적들이 침입하는 길과 적들의 본거지를 잘 알 수 있는 지도가 꼭 필요했지요. 이런 이유로 조선 시대에는 아주 활발하게 지도를 만들었어요. 현재 남아 있는 옛 지도의 대부분이 조선 시대에 만든 지도예요. 태종 2년에는 〈혼일강리역대국도지도〉라는 중국과 일본을 포함한 세계 지도도 만들었어요. 또한 중국과의 문화 교류로 과학 기술이 들어와 지도 제작에 획기적인 발전을 이루었지요. 그 뒤 영조 때 실학이 발달해 다시 활발하게 지도를 만들었어요. 우리나라의 대표 지도인 김정호의 〈대동여지도〉도 이때 만든 것이에요.

여기서 잠깐!

알아맞혀 보세요.

우리나라 역사상 지도 제작이 가장 활발했던 시기는 언제인가요? (   )

① 삼국 시대
② 고려 시대
③ 조선 시대

정답은 56쪽에

근대의 지도

우리나라의 지도 제작에 현대적인 과학 기술을 도입하기 시작한 것은 청일 전쟁, 러일 전쟁 때 일본에서 군사적인 목적으로 지도를 만들면서부터예요.

일본은 본격적으로 우리나라를 지배하기 위해 우리 국토를 샅샅이 조사했어요. 우리나라의 지형을 잘 알수록 일본이 우리나라를 식민지화하고, 우리의 땅을 마음대로 이용하기가 쉬웠기 때문이에요. 일본은 **전국 토지 조사 사업**(1910~1918년)을 하며 우리나라 땅을 마음대로 빼앗아 소유했고, 한일병합(1910년) 뒤에는 조선총독부 임시 토지 조사국이 우리 국토의 지형도 제작을 맡기까지 했어요. 당시 총독부에서 만든 지도가 무려 722개로 우리 국토의 전 지역을 담았어요.

전국 토지 조사 사업

원래 조선에서는 외국인이 땅을 소유할 수 없었어요. 그래서 일본은 전국 토지 조사 사업을 핑계로 일본인이 합법적으로 땅을 가지게 했어요. 이것은 일본이 조선을 식민 통치하는 데 기초가 되었답니다.

참 가슴 아픈 역사구나!

강화도 조약에 담긴 일본의 속셈

지도에는 그 나라에 관한 많은 정보가 들어 있기 때문에 외국에 자기 나라의 자세한 지도를 가지고 나가는 것을 법으로 금지하고 있어요. 그만큼 지도는 소중하게 관리되어야 해요. 그런데 우리나라를 측량하는 일을 다른 나라에 맡긴 기막힌 일이 있었어요.

1870년대 일본은 조선을 식민지로 만들려고 호시탐탐 기회를 노렸어요. 일본의 운요호가 강화도 앞바다를 지키던 조선 군사들과 전투를 벌였는데, 그것을 빌미로 일본은 조선에 배상을 요구했어요. 결국 조선은 일본과 강화도 조약을 맺게 되었고, 강화도 조약에 따라 일본은 조선의 땅을 측량할 권한을 갖게 되었어요. 이것은 우리의 땅을 조사해서 자세한 지도를 만들어 전쟁을 할 때 유용하게 쓰려는 일본의 속셈이었지요.

강화도 조약 체결 후 일본의 정치인과 군인들이 들어와 조선에 대한 권한을 하나하나 차지하다가 마침내 1910년 조선을 일본의 식민지로 만들어 버렸지요. 지도 제작이 얼마나 중요한 일인지를 깨닫게 하는 역사적 사건이랍니다.

강화도 조약을 체결하는 모습

현대의 지도

우리 손으로 우리 땅의 지도를 만든 것은 1966년부터예요. 국토 개발을 위한 도로 건설용, 도시 계획용, 농경지 정리용 지도를 만들기 위해 5천 분의 1 축척의 기본도를 만들었지요.

최근에는 인공위성의 도움을 많이 받아요. 오늘날에는 인공위성에서 받은 위성 항법 장치(GPS) 정보를 이용하는 첨단 지도인 내비게이션 시스템까지 생겨났지요. 내비게이션은 차량 자동 항법 장치로 지상 2만 킬로미터의 궤도 위에서 움직이는 24개의 GPS 위성이 발사하는 전파를 받아 여러 가지 정보를 알려 주는 장치이지요. 우리는 차 안에서 현재 위치를 알 수 있고, 목적지까지 가는 길도 안내를 받을 수 있어요. 또한 실시간 교통 정보를 이용하면 교통 체증을 잘 피할 수도 있어요.

예전에는 종이 위에 그린 평면적인 지도가 대부분이었지만, 위성 사진과 항공사진을 이용해 입체적인 화면으로 이루어진 지도를 볼 수 있게 되었어요. 입체적인 지도를 만드는 기술은 자동차 내비게이션 등에 쓰여 좀 더 쉽게 원하는 위치를 찾을 수 있도록 도와주지요.

미래에는 고도로 발달된 첨단 기술을 이용해 더욱 정확한 정보와 생생한 화면, 다양한 기능을 갖춘 지도가 만들어질 거예요. 또한 지구뿐 아니라 우주의 지도도 우리 손으로 직접 만들 날이 곧 다가오겠지요?

인공위성

인공위성은 대부분 지구 주위를 돌며 지구를 관측하고, 기상 자료를 수집하며, 국제 전화를 중계*해요. 또 비행기와 배가 안전하게 운항하도록 돕고, 지구의 자원을 관찰하며, 지상에서 움직이는 군사 장비를 감시하지요. 그 밖에 달이나 태양, 금성, 화성 주위를 돌며 행성에 대한 자료를 모으는 인공위성도 있답니다.

*중계 : 중간에 이어 주는 것을 말해요.

위성 항법 장치 (GPS)

GPS란 지구를 도는 위성이 사용자의 위치를 알아내서 알려 주는 기계예요. GPS 위성은 미국이 군사적인 목적으로 만들었으나 지금은 일상 생활에도 이용하지요. 선박, 비행기의 위치뿐만 아니라 도로의 정보나 조난자의 위치도 알려 주어 사람의 목숨을 구하는 데 도움을 주기도 해요.

여기서 잠깐!

알아맞혀 보세요.

다음 설명 중 틀린 것은 무엇인가요? (   )

① 내비게이션은 위성의 전파를 받아 정보를 알려 주는 장치예요.

② 옛날부터 위성사진을 이용해 지도를 만들었어요.

③ 인공위성은 대부분 지구 주위를 돌며 정보를 모아요.

정답은 56쪽에

우리집 차에도 내비게이션이 있잖아. 그게 이렇게 중요한 역할을 하는 줄 몰랐네.

목판에 새긴 우리 땅, 대동여지도

　우리 국토의 모습을 담고 있는 대표적인 지도는 무엇일까요? 바로 〈대동여지도〉이지요. 이 지도는 조선 시대까지 만들어진 우리나라 지도의 모든 기술을 바탕으로 만든 최고의 지도예요. 그럼 〈대동여지도〉는 누가 만들었으며, 또 어떻게 만들었는지 좀 더 알아볼까요?

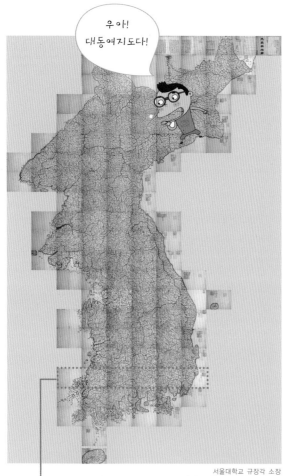

우아!
대동여지도다!

서울대학교 규장각 소장
김정호가 만든 대동여지도

〈대동여지도〉는 각 부분을 접어 필요한 부분의 지도만 가지고 다닐 수 있도록 22개 부분으로 나눠져 있어요. 위의 〈대동여지도〉는 22개 부분을 모두 펼쳐 붙여서 촬영한 모습이에요. 각 부분을 접으면 바로 왼쪽의 책 한 권과 같은 모습이 돼요.

누가, 왜 만들었을까요?

　〈대동여지도〉는 바로 고산자 김정호가 만들었어요. 1804년에 황해도 토산에서 태어난 김정호는 조선 시대 후기에 활동한 실학자이자 지리학자로 호는 고산자예요. 우리나라 근대 지도의 아버지라고 할 수 있지요. 김정호가 살았던 시대의 사람들은 지도에 대한 중요성을 깨닫지 못했고, 개인이 지도를 만드는 것을 엄하게 금지했어요. 하지만 김정호는 지도는 전쟁에 대비하고 백성을 이롭게 하는 데 꼭 필요하다고 생각해 지도를 만드는 데 일생을 바쳤어요. 김정호가 남긴 글에서 그의 생각을 확인할 수 있어요.

나누어 접은 〈대동여지도〉

"세상이 어지러우면, 이를 말미암아 쳐들어오는 적을 막는 일을 돕고, 강포한 무리를 제거하며, 시절이 평화로우면 이로써 나라를 경영하고 백성을 다스리니, 모두 내 글에 따라서 취하는 것이 있을 따름이다."

김정호가 살았던 조선 말기는 서양 세력이 들어오면서 나라의 운명이 위태로운 상황이었어요. 김정호는 나라를 위해 자신이 할 수 있는 가장 큰일을 한 것이지요.

지도를 그리는 김정호의 모습

어떻게 만들었을까요?

〈대동여지도〉는 1861년에 완성되었어요. 이 지도는 22개 부분으로 나뉘어 있고, 각 부분은 접을 수 있어서 지도 전체가 아닌 필요한 부분만 가지고 다닐 수 있어요. 22개 부분을 모아서 펼쳐 놓으면 무려 세로 6.6미터, 가로 4.0미터나 된답니다. 또 목판으로 만들었기 때문에 지도를 많이 찍어 낼 수도 있어요.

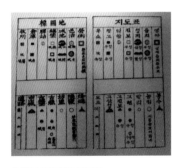

〈대동여지도〉의 지도표

〈대동여지도〉는 실제 거리를 기본으로 만들었을 뿐 아니라, 산맥과 강줄기의 표현이 뛰어나고 각 군현의 위치와 교통망이 정확하고 상세하게 표현되어 있어요. 또한 김정호는 지도를 이해하기 쉽게 지도표를 넣었어요. 예를 들면 도로는 10리마다 점으로 표시하고, 성이 있는 곳, 군대가 있는 곳, 봉화대가 있는 곳 등을 한눈에 알아볼 수 있게 하였지요. 그런데 김정호 혼자만의 노력으로 〈대동여지도〉를 만든 것은 아니에요. 이미 비변사나 규장각에서 만들어 낸 수많은 지도와 지지를 수집하고 종합하여 오랜 연구와 수많은 비교, 수정 끝에 완성했다는 점에서, 보물 제850호인 〈대동여지도〉의 우수성은 곧 우리 민족의 우수성을 증명하는 것이에요.

우리나라를 어떻게 담았을까요?

고대 국가의 기틀이 잡히기 시작한 삼국 시대부터 우리나라 지도 제작의 전통이 시작되었어요. 그리고 조선 시대에 이르러 지도 제작이 활발하게 꽃을 피웠지요. 조선 시대에 이르러서는 전국 지도와 도별 지도를 비롯하여 서울 지도, 지방 지도, 세계 지도 등 다양한 지도를 만들었어요. 이러한 옛 지도들을 '고지도'라 부르지요.

자, 그럼 우리나라 고지도부터 살펴볼까요?

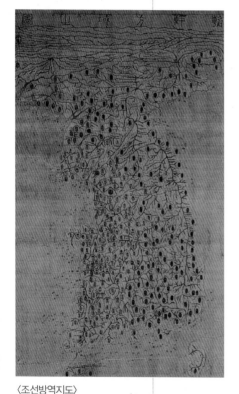

〈조선방역지도〉
전국에서 올라오는 진상품을 관리하던 제용감에서 만들었어요. 이 지도는 세조 때 완성된 〈동국지도〉의 사본으로 추정되며 북쪽의 모양이 조금 어색하지만 비교적 정확하게 그려져 있어요.

우리나라 전국을 그린 고지도

조선은 나라를 세운 뒤 도읍지를 옮기면서 전국 지도, 도별 지도 등을 만들었어요. 특히 세종 이후, 과학 기술의 발달과 지도에 대한 관심이 커져 많은 지도가 탄생했어요.

조선 초기에 만든 〈혼일강리역대국도지도〉에 나타난 우리나라의 모습은 압록강이나 두만강을 제외하면 물줄기나 산줄기, 해안선이 자세하고 정확해요. 1557년에 만든 〈조선방역지도〉는 더욱 명확하여 지도 제작 수준이 높아졌음을 알 수 있어요. 그 뒤 고산자 김정호가 만든 〈대동여지도〉는 우리 한반도를 그린 대표 지도가 되었지요. 그 밖에 우리 한반도를 그린 지도들을 통해 우리 조상들이 우리 땅에 대해 어떻게 생각했는지를 알 수 있어요.

지금 우리나라의 모습과 정말 비슷한걸!

그 밖의 고지도들

전국을 그린 지도 외에 여러 가지 목적에 따라 서울 지도, 지방 지도 등 다양한 지도를 만들었어요. 각 지도에 대해 좀 더 알아봐요.

도별 지도는 각 도와 군의 지형을 그린 지도로, 산수화처럼 그려진 것이 특징이며 〈동람도〉와 〈팔도분도〉 등이 있어요. 서울 지도는 서울을 그린 지도로, 〈경조오부도〉와 〈수선전도〉가 있어요. 왕의 위엄을 부각시키고 실생활의 실용성을 함께 담아 만들었어요. 지방 지도인 군현 지도는 조선 시대 행정 구역의 기본 단위인 부, 목, 군, 현을 그린 지도예요. 현재는 18세기 이후의 것만 전해 오지요.

조선 후기 지도에서 주목할 것은 임진왜란과 병자호란을 겪은 뒤 국경을 표시하기 위해 군사 지도인 관방 지도를 만들었다는 점이에요. 무엇보다 정확하게 그려야 하는 지도이지요. 〈압록강 국경지도〉와 〈정방산성〉이 대표적인 관방 지도예요.

특수 지도는 특수한 목적에 따라 혹은 특수 지역을 그린 지도예요. 〈수진본지도〉는 옷소매에 넣고 다닐 수 있는 휴대용 지도로, 조선 후기에 사람들이 여행을 많이 다니게 되면서 만들었어요.

> 서울은 한양, 경도, 경성, 수선, 도성 등 다양한 이름으로 불렸어. 그래서 서울을 그린 지도 역시 이름이 여러 가지란다.

여러 종류의 고지도

서울 지도

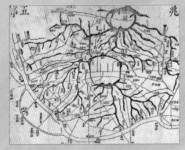

〈경조오부도〉
김정호의 〈대동여지도〉에 속해 있는 〈경조오부도〉예요. 서울 주변의 지역도 담겨 있어요.

지방 지도

전라도 무장현 지도
현재 전라남도 고창군 무장면에 해당하는 지도예요.

군사 지도

압록강 국경지도
청나라와의 접경 지대인 압록강 일대를 상세하게 그린 지도예요.

우리나라 최초의 세계 지도

우리나라 지도뿐 아니라, 우리 손으로 그린 세계 지도도 있어요. 그 것은 바로 우리나라가 만든 최초의 세계 지도인 〈혼일강리역대국도지도〉예요. 혼일은 '세계', 강리는 '영토', 역대국도는 '대대로 내려온 나라'를 의미해요. 현재 원본은 전해 오지 않지만 원본을 베껴서 그린 그림이 일본에 있고, 그 지도를 다시 베껴 그린 그림이 규장각에 보관되어 있어요.

그럼, 이 지도를 어떻게 만들었는지 한번 살펴볼까요?

〈혼일강리역대국도지도〉의 원본은 현재 일본의 류코쿠 대학 도서관에 있단다.

어떻게 만들었을까요?

〈혼일강리역대국도지도〉는 조선 태종 2년인 1402년에 만든 것으로 1400년대 초에 만든 세계 지도 중에서는 가장 훌륭한 지도예요. 이 지도는 김사형, 이무, 이회가 만들고 권근이 발문을 썼는데, 이들은 모두 조선의 최고 관청인 의정부의 정승들이었으니 나라에서 이 지도를 얼마나 중요하게 생각했는지 알 수 있겠지요?

오른쪽 페이지에 이 부분을 확대한 지도가 있어요.

〈혼일강리역대국도지도〉
서울대학교 규장각 소장

이 지도에 우리나라와 중국은 실제보다 크게 그려져 있지만 그 밖의 다른 나라들은 작게 그려 놓았어요. 그 당시에는 세계에 대해 잘 알지 못했고, 조선과 중국이 세상의 중심에 있다고 믿었던 거죠.

 발문

책이나 지도를 펴내면서 그것을 왜 만들었는지 알리기 위해 쓰는 글을 말해요.

의정부

국가의 중대 사안들을 처리하던 조선 시대 최고의 기관이에요. 오늘날의 국무총리실과 비슷했어요.

중국의 왼쪽을 자세히 들여다보면 아라비아 반도, 아프
리카 그리고 나일 강과 유럽도 보여요. 그런데 우리나
라를 실제 모습과 비슷하게 그린 것에 비하면 서쪽으로
갈수록 모양이 이상하지요? 다른 나라에 대한 정보가
많지 않으니 먼 나라일수록 사실과 다르게 그릴 수밖에
없었지요. 또 이 지도에는 산맥은 선, 바다는 초록색,
강은 파란색으로 나타나 있어요.

<〈혼일강리역대국도지도〉의 유럽 부분

이 지도는 이전부터 있었던 지도를 참고해 만들었다고 해요. 고려
시대에 중국에는 칭기즈 칸의 후손이 세운 원나라가 있었지요. 원나
라는 당시 세계에서 가장 강력하고 거대한 나라였기 때문에 세계 지
리에 대해 상당히 많은 정보를 가지고 있었어요. 그럼에도 불구하고
원나라에서 만든 지도에는 우리나라와 일본이 제대로 표시되어 있지
않았어요. 그래서 조선에서는 〈혼일강리역대국도지도〉를 만들면서
조선과 일본 부분을 조선의 지도로 보충을 해야 했어요. 당시는 조선
전국 지도가 아직 만들어지기 전이어서 이 지도에 그려진 우리나라
는 고려의 전국 지도를 참고해 만든 것이에요.

 아라비아 반도
아시아의 남서부에 있는
세계 최대의 반도예요.
반도의 대부분이 사막으
로 이루어져 있답니다.

몇 백 년 전에
이런 세계 지도를
만들었다니 정말
놀라워!

그 밖의 세계 지도들

〈천하도지도〉

1700년대 후반 조선 제22대 왕 정조 때 그린 세계 지도예
요. 우리나라에서 그리긴 했지만 중국에서 활동하던 외국인
선교사가 그린 세계 지도를 수입하여 옮겨 그린 지도이지
요. 지도가 매우 아름다워서 당시 나라에서 일하던 화공들
이 그렸을 것으로 짐작해요.

〈천하도(원형천하도)〉

천하(天下)는 하늘 아래 우리가 사는 모든 땅을 이르는 말이에요.
조선 후기에 만든 천하도는 실제 땅의 모습과는 많이 달라요.
세상에 여러 나라가 있다는 것을 알고는 있지만 자세히 알지는 못
한 상황에서 전통적인 방식으로 세계를 그린 지도라고 생각해요.

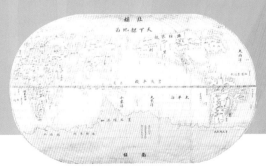

고지도 속의 세계를 알아봐요

지금은 지구가 둥글다는 사실을 모르는 사람이 없지요. 그러나 옛날에는 지구가 네모난 판자처럼 생겼다고 믿었어요. 콜럼버스가 신대륙을 찾기 위해 배를 타고 대서양을 건너며 지구가 둥글다는 것을 확인하기 전까지는 말이에요. 지구가 둥글다는 것을 아는 것은 지도를 만드는 데 굉장히 중요해요. 세계 지도를 정확하게 그리려면 우선 지구가 얼마나 큰지, 그 모양은 어떻게 생겼는지를 알아야 하기 때문이지요. 이러한 사실을 잘 몰랐던 옛날의 세계 지도는 오늘날 보기에 이해가 안 될 정도로 이상한 모양으로 그려져 있기도 해요.

그럼, 세계의 고지도에는 어떤 것들이 있는지 알아볼까요?

종교적인 생각을 바탕으로 그린 고지도

옛날에는 세계 지도를 그릴 때 실제 땅의 모양보다 종교적인 교리를 더 중요하게 생각했어요. 고대 인도 불교와 힌두교 교인들은 인도에 있는 산을 세계 중심으로 그렸고, 중세 크리스트교 교인들은 예루살렘을 세계 중심으로 그렸지요. 그러나 과학이 발전하고 사회가 변함에 따라 세계 지도는 점점 정확해졌어요.

코스마스의 세계 지도
6세기에 코스마스라는 사람이 《성경》에 나오는 내용대로 세계 지도를 그렸어요. 동그라미로 표시한 부분은 에덴동산을 표현한 거예요.

헤레포드 세계 지도
중세 시대의 사람들은 세계가 아시아, 아프리카, 유럽으로 이루어져 있다고 생각했어요. 이 지도 그런 관점을 바탕으로 세계를 삼등분하고 지도의 중심에는 예루살렘을 그렸어요.

항해를 위한 지도의 시대

'지리학(geography)'이라는 말을 처음 만들어 낸 유명한 지리학자인 에라토스테네스는 최초로 지구의 크기를 쟀어요. 에라토스테네스가 기원전 276년에 태어났으니 얼마나 오래전에 지구의 크기를 쟀는지 알 수 있지요? 더욱 놀라운 것은 오늘날 우리가 잰 지구의 크기와 거의 차이가 없다는 것이에요. 그런데 오른쪽의 에라토스테네스가 그린 지도를 한번 보세요. 그렇게 정확하게 지구의 크기를 잰 에라토스테네스도 세계 지도를 정확하게 그리기는 어려웠던 모양이에요.

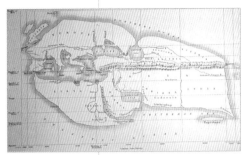

에라토스테네스가 그린 세계 지도
우리나라를 포함한 동양의 나라들은 찾아볼 수 없어요.

후대의 지도에 큰 영향을 미친 것은 프톨레마이오스의 지도예요. 프톨레마이오스는 경도와 위도를 처음으로 사용해 원뿔 도법으로 지도를 만들었어요.

🧭 **경도와 위도**
32~33쪽을 참고하세요.

🧭 **원뿔 도법**
38~39쪽을 참고하세요.

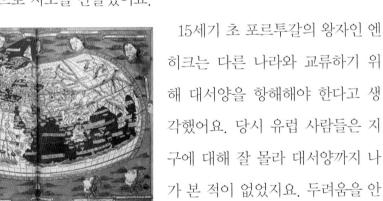

프톨레마이오스의 세계 지도

15세기 초 포르투갈의 왕자인 엔히크는 다른 나라와 교류하기 위해 대서양을 항해해야 한다고 생각했어요. 당시 유럽 사람들은 지구에 대해 잘 몰라 대서양까지 나가 본 적이 없었지요. 두려움을 안고 대서양을 항해한 사람들은 마침내 바다가 끝없이 이어져 있다는 것을 알게 되었어요. 또 아프리카의 해안 지방에서 상아와 황금, 최고의 후추도 얻을 수 있었어요.

그 뒤 계속해서 새로운 지도가 만들어졌고 유럽 사람들이 발견한 땅도 더 많아졌어요. 콜럼버스 역시 이 지도를 가지고 새로운 대륙을 발견했어요. 비록 프톨레마이오스의 지도는 틀린 부분이 아주 많았지만, 탐험가들을 새로운 항해에 뛰어들게 만든 씨앗이 되었답니다.

지도에 나타난 독도, 독도는 우리 땅!

독도

독도는 현재 우리나라의 천연기념물 제 336호로 지정된 우리나라 땅이에요. 경상 북도 울릉군 울릉읍 독도리 산 1~96번지가 독도의 주소이지요.

1906년 울릉도 군수 심흥택의 〈울릉군수 보고서〉와 조선 말기의 지사* 황현의 《매천 야록》에서 독도라는 이름을 처음 썼어요. 그러나 독도의 역사는 이보다 훨씬 오래되었어요.

《삼국사기》에 보면 신라 지증왕 때(512년) 우산국이 신라에 항복하면서 신라에 속하게 되었다고 기록되어 있어요. 우산국은 지금의 울릉도를 중심으로, 독도와 주변의 작은 섬들로 이루어진 작은 나라였어요. 독도가 우산국에 포함되었다는 사실은 《세종실록지리지》, 《동국여지승람》, 《신증동국여지승람》, 《만기요람 군 정편》과 각종 고문헌 및 지도에 나타나 있어요. 특히 《신증동국여지승람》의 지도 에는 독도가 울릉도보다 안쪽에 그려져 있어요. 이는 독도가 조선에 속한 땅임을 더 강하게 증명하는 것이라 할 수 있지 요. 또한 19세기 후반까지 독도를 '우 산도'로 불렀다는 사실 역시 독도가 우 산국의 일부였으며, 우리 민족 고유의 영토라는 분명한 증거예요.

독도가 조선의 땅이라는 것은 서양에 도 잘 알려진 사실이었어요. 〈조선왕국 전도〉는 1737년 프랑스의 지리학자 당 빌이 그린 조선 지도예요.

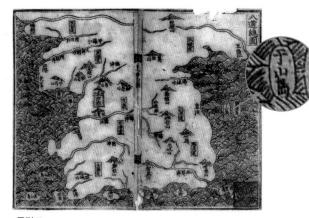

동람도

1530년에 편찬된 《신증동국여지승람》의 첫머리에 수록된 조선 지도이지요. 동그라미로 표시한 곳이 독도(우산도)예요.

이 지도에는 울릉도와 독도가 동해안에 매우 가깝게 그려져 있으며, 독도가 조선의 땅으로 나타나 있지요.

독도가 자기네 땅이라고 주장하는 일본의 옛 문서와 지도에도 독도가 대한민국에 속해 있는 것이 분명히 드러나요. 일본의 실학자인 하야시 시헤이가 1785년에 편찬한 〈삼국접양지도〉에는 조선은 노란색으로, 일본은 초록색으로 표시되어 있어요. 지도를 만든 하야시는 울릉도와 독도(우산도)를 노란색으로 칠했을 뿐 아니라 그 옆에 '조선의 것'이라 써서 울릉도와 독도(우산도)가 조선 땅임을 인정한 것이지요.

이러한 자료들은 모두 독도가 우리 땅임을 증명해 주어요. 국방과 어업에 있어 매우 중요한 위치를 차지하는 섬, 독도. 우리 땅인 독도를 지키기 위해서는 과거에 독도를 우리 땅으로 표시한 지도를 더 찾아 내어 일본의 잘못을 바로잡고, 독도가 우리 땅이라는 주장에 무게가 실릴 수 있도록 국력을 키워야 해요.

조선왕국전도
프랑스의 지리학자 당빌이 만든 조선 지도예요. 빨간 동그라미가 표시된 부분이 독도예요.

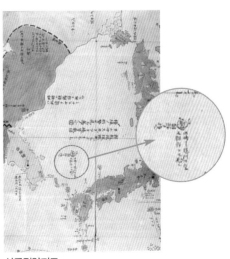

삼국접양지도
빨간 동그라미가 표시된 부분이 독도예요. 조선 땅과 똑같이 노란색으로 칠해져 있어요.

지도에는 어떤 것이 담겨 있을까?

지도는 약속한 대로 그려야 모든 사람이 똑같이 이해할 수 있어요.
지도를 한번 들여다보세요. 여러 가지 색깔로 그려진 많은 기호와
선들이 있지요? 그것들이 바로 지도를 만드는 약속이랍니다.
지도에는 어떤 것들이 담겨 있으며, 지도는 어떻게 만드는지,
또 지도의 종류에는 어떤 것들이 있는지 살펴보아요.

지도의 제목 · 지형

지도 읽기

지도의 축척 · 여러 가지 기호

축척 · 방위

지도의 약속

기호 · 등고선, 경도, 위도

지도 만드는 방법

옛날 · 오늘날

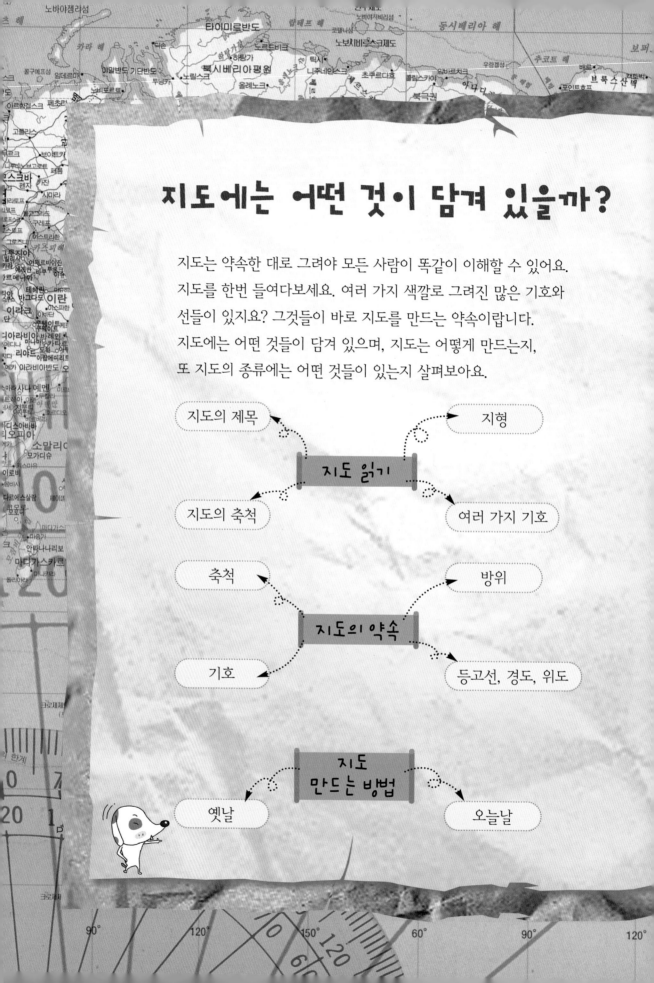

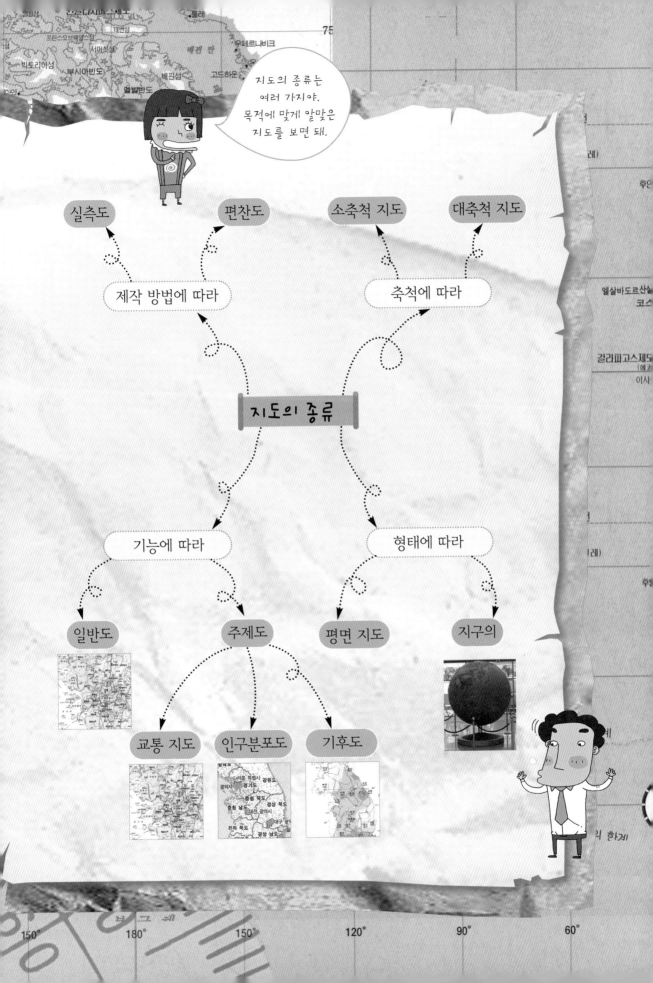

지도에는 어떤 정보가 있을까요?

지도는 사람들이 살고 있는 땅 위의 시설물들과 도로, 지형 등 여러 가지 정보를 담고 있어요. 그럼, 아래의 세계 지도를 보면서 지도에 어떤 정보가 담겨 있는지 살펴볼까요?

먼저 지도에는 '세계 지도', '전국 지도'와 같이 그 지도의 목적을 나타내는 이름이 있어요. 그리고 실제 크기를 기준으로 해서 얼마나 줄였는지를 알 수 있는 축척이 축척자나 숫자로 적혀 있고, 여러 가지 기호와 색깔들로 정보가 표시되어 있어요.

① 여기를 보면 무엇을 나타내는 지도인지 알 수 있어. 세계 전도라고 적혀 있으니 이 지도는 세계 전체를 그린 지도이지. 세계 지도와 같은 뜻이야.

② 이 눈금은 축척을 나타내. 이 지도에서 1센티미터는 750킬로미터야.

지도에 특별한 방위표가 없을 때에는 위쪽이 북쪽이야.

세계 지도는 그림과 기호, 색 등으로 우리가 사는 세계를 보여 줘.

③ 세계 지도를 보면 나라 사이의 국경을 알 수 있고, 전 세계에 어떤 나라가 있는지도 알 수 있어.

④ 범례는 어떤 기호가 무엇을 뜻하는지 알려 줘.

이 밖에도 세계 지도에서는 각 대륙이나 대양이 어디 있는지, 어떤 모양으로 생겼는지 알 수 있어요. 또 나라 사이의 국경은 어떤지, 면적은 어느 정도인지도 알 수 있답니다. 이렇게 우리는 지도를 통해 다양한 지리적인 특성과 정보를 얻을 수 있어요.

아래의 지도를 꼼꼼히 살펴보면서 어떤 내용들이 담겨 있는지 찾아 보세요.

여기서
잠깐!

알아맞혀 보세요.
우리나라는 어디에 있는지 찾아
보고, 어느 대륙에 포함되는지
써 보세요.

( )

☞ 정답은 56쪽에

세계 지도 속의 여러 나라
세계는 5대양과 6대주로 이뤄져 있어
요. 5대양은 태평양 · 대서양 · 인도
양 · 남극해 · 북극해이며, 6대주는 아
시아 · 유럽 · 아프리카 · 오세아니아 ·
남아메리카 · 북아메리카예요. 남극대
륙을 포함해 7대주라고도 불러요. 그
안에 250개가 넘는 나라와 도시들이
있지요.

9
지구를 남북으로
가르는 위도선이야.

8
위도선의 기준이 되는
위도 0도선을 '적도'
라고 해.

날짜 변경선을
지나면 마치
타임머신을 타는
것 같겠다!

5
전 세계를 둘러싸고
있는 바다의 이름을
알 수 있어.

7
지구를 세로로 나누는 경도선!
경도선은 시간을 나누는
선이야. 경도 15도마다
1시간씩 차이가 나지.

6
날짜 변경선이야.
우리나라에서 미국을 갈 때
이 선을 넘으면 전 날로
돌아가는 거야.

12:00
MIDNIGHT   AM2:00   AM4:00   AM6:00   AM8:00

지도 위의 여러 가지 약속

지도는 내 마음대로 그리는 것이 아니라 정확히 재고, 계산하고, 사람들이 약속한 대로 그려야 해요. 그래야 누가 지도를 보아도 똑같이 이해할 수 있지요. 축척, 등고선, 경도와 위도 따위가 바로 지도의 그림을 그리는 약속들이에요. 지도 위의 약속들에 대해서 좀 더 자세히 알아보아요.

세계 지도 속의 여러 기호의 색

빨간색 : 빛(열)과 관련된 것으로 주택지, 관광지, 도로 및 도로의 기호에 써요.

파란색 : 바다, 강, 호수처럼 깊이가 얕은 곳은 하늘색으로, 깊이가 깊은 곳은 파란색으로 나타내요. 항공로도 파란색이에요.

갈색 : 산, 고원처럼 지형이 높은 곳을 나타내는데, 고도가 높아질수록 짙은 갈색으로 나타내요.

검은색 : 관공서, 건축물, 산, 철로 등을 나타내요.

노란색 : 지형이 비교적 낮은 곳을 나타낼 때 써요. 고도가 높아질수록 색깔이 진해져요.

초록색 : 들판처럼 지형이 낮은 곳에는 초록색을 칠한답니다. 밭, 과수원의 기호도 초록색이에요.

자를 줄여라, '축척'

축척은 지도의 제작에서 가장 밑바탕이 되는 중요한 요소예요. 축척은 말 그대로 해석하면 '길이를 재는 자를 줄인다.'는 뜻이에요. 지도를 그릴 때 실제보다 작게 나타내는 정도를 말하지요. 그런데 이때 땅의 크기를 맘대로 줄이는 것이 아니라 누가 봐도 알 수 있게 일정한 비율로 줄여야 해요.

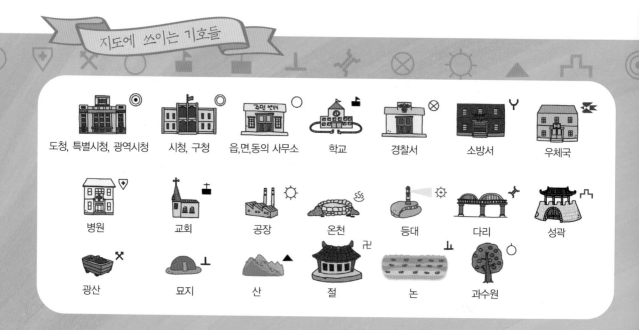

지도에 쓰이는 기호들

도청, 특별시청, 광역시청	시청, 구청	읍,면,동의 사무소	학교	경찰서	소방서	우체국
병원	교회	공장	온천	등대	다리	성곽
광산	묘지	산	절	논	과수원	

보통 교실에 걸려 있는 대한민국 전도는 축척이 1:1,000,000이에요. 대한민국의 실제 크기는 지도에 그려진 크기의 1,000,000배라는 뜻이지요. 즉, 대한민국을 100만 분의 1로 줄여서 그린 지도라는 뜻이에요.

축척을 대축척, 소축척으로 나누기도 해요. 좁은 지역을 비교적 상세하게 그린 지도를 '대축척 지도'라고 하고, 실제를 많이 줄여서 넓은 지역을 비교적 간략하게 나타낸 지도를 '소축척 지도'라고 한답니다.

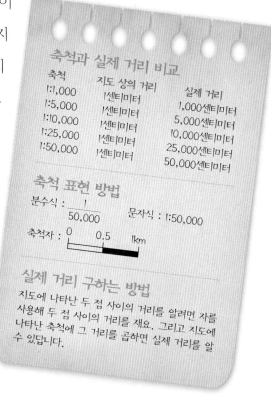

축척과 실제 거리 비교

축척	지도 상의 거리	실제 거리
1:1,000	1센티미터	1,000센티미터
1:5,000	1센티미터	5,000센티미터
1:10,000	1센티미터	10,000센티미터
1:25,000	1센티미터	25,000센티미터
1:50,000	1센티미터	50,000센티미터

축척 표현 방법

분수식 : $\frac{1}{50,000}$ 문자식 : 1:50,000

축척자 : 0   0.5   1km

실제 거리 구하는 방법

지도에 나타난 두 점 사이의 거리를 알려면 자를 사용해 두 점 사이의 거리를 재요. 그리고 지도에 나타난 축척에 그 거리를 곱하면 실제 거리를 알 수 있답니다.

1만분의 1이면 1센티미터가 10,000센티미터야.

지형을 나타내는 기호들

 건물, 길

  2선 이상 포장도로

  1차선 도로

  우마차로

  소로(폭 1.6미터 이하)

  철도, 터널

  1차선 도로

  산

  건물

 지류 경계

  하천

  호수, 저수지

지도의 동, 서, 남, 북

지도의 동서남북을 방위라고 해요. 지도가 아무리 자세하다 하더라도 방위를 알 수 없으면 아무 소용이 없지요. 지도는 길을 찾는 길잡이 역할을 하는데, 방향이 없다면 길을 찾을 수가 없기 때문이에요. 그래서 지도에는 방위표가 붙어 있어요.

만일에 방위표가 없다면 그땐 지도의 위쪽이 북쪽이고, 아래쪽이 남쪽이에요. 지도가 처음 나올 때 그렇게 약속을 했기 때문이지요.

지도 위에 표시하는 방위는 직접 동, 서, 남, 북이라고 쓰기도 하고 기호로도 표현해요.

지도와 나침반을 이용해 방향을 찾으려면 먼저 나침반의 바늘을 지도 위에 표시된 남북의 방향에 맞게 놓아야 해요. 그러면 내가 찾아갈 곳이 어느 방향에 있는지 알 수 있지요.

> 방위표는 한 가지 모양이 아니란다.

지도에 쓰이는 다양한 방위표

N은 영어 북쪽(North)의 N을 따서 북쪽을 나타내는 기호로 쓰여요.

> 아하! 나침반은 중국에서 맨 처음 만들었구나!

나침반

나침반은 11세기 중국 송나라 때 쇠붙이나 바늘, 숟가락을 자석돌에 댔다가 평행으로 놓을 경우, 언제나 같은 방향을 가리킨다는 사실을 발견한 중국인들이 발명했어요. 동양과 무역을 하던 서양 무역상들이 이 나침반을 가져가면서 자연스럽게 서양에 전해졌지요. 그런데 나침반은 정확하게 북쪽, 즉 북극점을 가리키지는 않아요. 북극점에서 살짝 비켜난 곳을 가리키지요. 그래서 나침반이 가리키는 북극을 '자북', 지리적인 북극을 '진북'이라고 해요. 항해를 할 때에는 자북과 진북의 차이를 계산해서 방향을 알아내야 한답니다.

지도와 나침반이 없을 때는?

만일 여러분이 길을 잃었는데, 지도와 나침반이 없다면 어떻게 방향을 찾을 수 있을까요? 생각만 해도 무섭다고요? 걱정하지 마세요. 자연현상이 우리에게 방향을 알려주거든요. 자, 지금부터 그 방법을 하나하나 알아봐요.

별을 보면 알 수 있어요

북극성은 북극점과 직선 상의 거리에 있는 별로 북쪽을 가리켜요. 늘 같은 위치에 있는 북극성은 북두칠성과 카시오페아 자리 사이에 있어요.

태양과 시계로 알 수 있어요

시계는 전자 시계가 아닌 분침과 시침이 있는 시계여야 해요. 먼저 현재 시침의 끝을 태양 쪽으로 향하게 해요. 그러면 그 시침이 가리키는 방향과 12시와의 중간 지점이 바로 남쪽이랍니다. 만일 시계의 시침과 분침이 동시에 12시를 가리킬 때, 태양의 방향과 일치시키면 그쪽이 곧 남쪽이에요.

나무의 나이테로 찾을 수 있어요

나무 밑동에 나타난 나이테의 모양을 보면 나이테 사이가 좁은 곳은 북쪽, 넓은 곳은 남쪽이에요. 그런데 어떻게 나무의 나이테를 보고 방향을 알 수 있을까요? 그것은 나무의 남쪽을 향하고 있는 부분이 북쪽 부분에 비해 햇빛의 양을 좀 더 많이 받아서 더 잘 자라기 때문이에요.

그림자로도 찾을 수 있어요

그림자가 이동하면서 남기는 흔적을 이용해서 북쪽을 찾을 수 있어요. 햇빛이 비치는 곳에 막대를 세워 놓고 막대 그림자의 끝 부분에 표시를 해요. 시간 간격을 두고 이 과정을 계속 반복하면 그림자 표시가 몇 개 생기겠지요? 그 그림자 끝 부분들을 모두 이으면 바로 해가 뜨고 지는 방향인 동-서의 기준선이 되지요. 이 기준선에 수직선을 긋고 맨 처음에 그린 그림자 표시에 왼발을, 마지막 그림자 표시에 오른발을 놓고 서면, 앞쪽이 북쪽이에요.

지도 위의 여러 가지 선

높았다가 낮았다가 하는 땅을 평평한 지도로 그리기 위해 선을 이용하는데 그것이 바로 등고선이에요. 또 지구 위에 가로줄과 세로줄을 그어 각 지점의 위치를 가로줄의 숫자와 세로줄의 숫자로 표시하는데 그것을 위도와 경도라고 해요.

그럼, 지도 위의 선들에 대해 좀 더 자세히 알아볼까요?

🔍 **평균 해수면**

해수면은 바다의 표면을 말해요. 해수면의 높낮이는 늘 달라지지요. 그래서 등고선을 그리기 위해서는 일정 기간 동안 해수면의 높이를 측정해 평균적인 높이를 구해야 해요.

같은 높이의 선, 등고선

등고선은 평균 해수면으로부터 수직으로 거리를 재고 그 높이가 같은 곳마다 점을 찍은 다음 그 점들을 선으로 연결한 거예요. 이때 점 하나하나는 높이를 나타내지만 그 선을 계속 이어 보면 지형을 알 수 있어요. 아래의 그림을 보면서 알아봐요.

등고선 그리기

이 산을 등고선으로 어떻게 나타내는지 알아볼까요?

바닥에서부터 같은 높이에 있는 점들을 이어 선으로 연결해요.

그린 동그라미를 평면에 그리면 위의 그려진 등고선처럼 돼요.

산 모양과 등고선

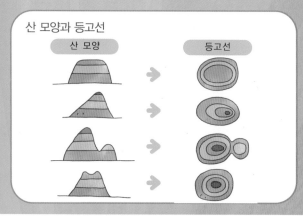

산 모양		등고선

산 높이와 등고선

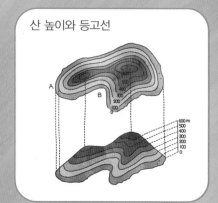

지구 위에 그은 상상의 선, '위도'와 '경도'

지도 책이나 지구본을 보면 가로와 세로로 선이 그어져 있어요. 가로로 그어진 선은 위도를 표시하는 위도선이고, 세로로 그어진 선은 경도를 표시하는 경도선이에요. 극장이나 공연장에서는 'A열 15번'과 같이 자리마

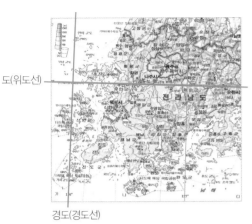

도(위도선)

경도(경도선)

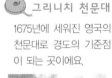

위도와 경도는 어떻게 쓰일까?

GPS가 내비게이션에 알려 주는 위치 정보는 바로 위도와 경도 정보예요. 우주에 높이 떠 있는 인공위성이 현재 위치의 위도와 경도 값을 알려 주면, 내비게이션 장치는 GIS라고 부르는 지도 정보와 대조하여, 사용자가 이해하기 쉽게 지도 위에 화살표로 보여 주지요.

다 위치를 나타내는 이름을 붙여 자리 찾는 것을 돕지요? 위도와 경도와 역시 땅의 위치를 쉽게 표현하기 위한 약속이에요. 하지만 이 선은 실제로 지구에 그려져 있는 것이 아니라 상상의 선이에요.

위도선을 나누는 기준점, 즉 위도가 '0'이 되는 지점은 지구의 가운데 선인 적도랍니다. 위도의 숫자는 남극과 북극으로 갈수록 커져서 북극점과 남극점은 위도가 90도이지요.

경도선은 남극과 북극에서 서로 만나면서 지구를 세로로 나눠요. 경도는 15도마다 1시간씩 시간 차이가 나요. 그래서 세계의 각 나라, 각 지역의 시간이 서로 달라요. 경도는 처음에는 기준점이 없어 각자 다른 기준점을 사용했어요. 그러다가 1884년에 국제 회의를 통해 영국의 **그리니치 천문대**를 기준점으로 하자고 약속을 했지요. 그래서 경도 '0'이 되는 지점은 그리니치 천문대예요.

🔍 **그리니치 천문대**
1675년에 세워진 영국의 천문대로 경도의 기준점이 되는 곳이에요.

여기서 **잠깐!**

찾아서 써 보세요.
우리나라 지도를 보고 서울의 위도와 경도가 어떻게 되는지 써 보세요.

위도 : _____

경도 : _____

☞ 정답은 56쪽에

지도는 어떻게 만들까요?

정보화 시대인 오늘날에는 지도를 어떻게 만들까요? 이제는 우리 나라, 전 세계, 나아가서 우주에 대해서도 알아야 하는 세상이 되었어요. 그래서 점점 더 정밀하고, 정확한 지도가 필요한 것이지요.

그럼, 지금부터 지도 만드는 방법에 대해 알아보아요.

옛날에는 지도를 어떻게 만들었을까요?

옛날에는 필요한 정보가 많지 않았기 때문에 직접 다녀온 길을 잘 기억했다가 그것을 그림으로 옮기는 것이 전부였어요. 사람들은 점차 마을이 한눈에 내려다보이는 곳에 올라 마을의 이곳저곳을 살펴보고 집이나 개울, 길 등의 위치를 알아냈어요. 거리를 알기 위해서는 직접 걸어가 보았지요. 그렇게 알아낸 것들을 작게 줄여서 그리기 시작했고, 그 과정들이 점점 발달하면서 좀 더 정확하게 그리기 위해 기리고차나 범철과 같은 여러 가지 과학적 도구들을 사용하기 시작했어요.

> **범철**
> 방향을 알 수 있는 나침반 같은 도구를 말해요.

기리고차
수레바퀴가 돌아가는 횟수로 거리를 재는 도구예요. 기리고차에는 수레가 일정한 거리를 움직이면 스스로 종을 치고 북을 울리는 장치가 있어서 지도를 만드는 사람들은 이 종소리와 북소리를 듣고 거리를 측정할 수 있었어요.

사진은 지도, 그림지도와 어떻게 다를까?
사진은 건물, 산, 도로 등의 실제 모습을 알 수 있어요. 하지만 먼 곳까지 자세히 볼 수 없고, 넓은 지역을 다 담기도 어려워요. 또 실제 거리를 알 수도 없지요.
반면 지도는 지형과 땅 위의 사물을 기호나 선, 색 등으로 나타내기 때문에 실제 모습을 알기는 어려워요. 하지만 실제 길이를 일정한 비율에 따라 줄여 나타내기 때문에 축척자를 이용하여 실제 거리를 알 수 있어요.
그림지도는 실제와는 다르고, 모든 것을 다 담을 수는 없지만 한눈에 알아보기 쉬우며 전체적인 모습을 볼 수 있어요.

오늘날에는 지도를 어떻게 만들까요?

지도를 만들기 위해서 맨 먼저 할 일은 지표면을 사진으로 찍는 거예요. 주로 인공위성과 비행기를 이용하지요. 항공 촬영을 할 때는 한 지역을 지나며 연속해서 사진을 찍어야 해요. 사진은 앞에 찍은 부분과 60퍼센트 정도 겹쳐야 해요. 그래야 지형을 입체적으로 파악할 수 있어요. 하지만 사진만으로는 동네 이름이나 자세한 모습을 알 수가 없기 때문에 사람이 직접 땅 위를 다니면서 측량을 해요. 여러 가지 측량기를 이용해 땅의 높낮이와 길이를 재지요. 그런 다음 항공사진과 측량을 바탕으로 원도, 즉 가장 기초가 되는 밑그림을 그려요. 원도가 완성되면 다시 한 번 직접 현장에 나가 정밀하게 조사를 해요. 항공사진을 확대해서 각 지역의 경계선을 살펴보기도 하고, 사진에서 빠진 부분이 있으면 다시 보충도 하지요. 이렇게 완성된 그림을 인쇄하면 비로소 지도가 완성돼요.

항공사진
비행기에서 사진기로 땅 위를 찍은 사진이에요.

오늘날의 지도 제작 순서

인공위성이나 비행기로 사진 촬영을 해요.

지도로 그릴 곳을 측량해요.

아, 오늘날에는 이런 과정을 통해서 지도를 만드는구나.

지도의 기본이 되는 원도를 만들어요.

원도를 바탕으로 마을이나 건물 이름, 행정 경계 등을 추가로 조사해요.

조사한 것을 바탕으로 최종 지도를 만들어요.

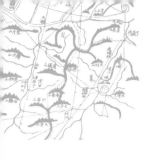

지도의 종류를 알아봐요

지도는 길을 알려 주는 것을 비롯해, 필요나 주제에 따라서 여러 가지 종류로 나뉘어요. 그런데 그 종류를 나누는 방법도 여러 가지예요. 축척에 따라, 지도의 기능에 따라, 지도의 제작 방법에 따라, 지도 형태에 따라 나눌 수 있지요.

지금부터 지도의 종류와 그 지도들이 각각 어떻게 쓰이는지 한번 알아볼까요?

축척에 따라 소축척 지도와 대축척 지도로 나뉘어요

축척 비율이 높을수록 '소축척', 비율이 낮을수록 '대축척'이구나. 헷갈리지 않도록 조심해야겠다.

실제 땅의 상태를 줄인 비율이 높은 것을 소축척 지도, 낮은 것을 대축척 지도라고 해요. 축척을 나타내는 분수가 클수록, 즉 분모의 수가 작을수록 대축척이고, 그 반대가 소축척 지도지요. 세계 전도나 우리나라 지도 같은 것이 소축척 지도에 포함돼요.

소축척 지도는 전체적인 지형을 한눈에 알아볼 수 있고, 대축척 지도는 좁은 지역에 대해 자세히 알아볼 수 있어요.

지도의 기능에 따라 일반도와 주제도로 나뉘어요

일반도는 기본적인 지형과 땅 위의 여러 가지 사항이 종합적으로 나타나 있는 일반적인 지도예요. 다른 지도를 만드는 기준이 되지요. 우리나라의 지형을 나타내는 지도가 대표적이지요. 주제도는 한 가지 주제만 나타낸 특별한 지도를 말해요. 즉, 쓰이는 목적에 따라 필요한 내용을 자세히 나타낸 지도이지요. 예를 들면, 교통에 대해 특별히 자세하게 나타낸 교통 지도, 지역별 기후에 대해 나타낸 기후도, 인구의 많고 적음을 표시한 인구분포도 등이 있어요.

지도 제작 방법에 따라 편찬도와 실측도로 나뉘어요

지역 지도부터 세계 지도에 이르기까지 여러 지역의 정확한 지도를 모아 만든 지도를 편찬도라고 하고, 항공 측량과 같이 실제 측량을 통해 얻은 자료를 바탕으로 만든 지도를 실측도라고 해요.

지도의 종류

지도는 무엇을 나타내느냐, 어떤 목적으로 만들어졌느냐에 따라 여러 종류로 나뉘어요. 필요한 목적에 맞게 알맞은 지도를 선택할 수 있으려면 지도의 종류에 대해 잘 알고 있어야겠지요? 지금부터 지도의 종류를 예와 함께 알아봐요.

소축척 지도(1:250,000)   대축척 지도(1:70,000)

축척에 따라 나눈 지도

남산을 중심으로 나타낸 서울이에요. 왼쪽은 소축척 지도이고, 오른쪽은 대축척 지도이지요. 대축척 지도일수록 서울의 좁은 지역을 자세하게 볼 수 있어요.

일반도   주제도(교통 지도)   주제도(기후도)

기능에 따라 나눈 지도

지형을 알고 싶을 때에는 지형도를, 도로의 방향이나 목적지를 찾아가는 길을 알고 싶을 때에는 교통 지도를, 기온의 분포나 강수량 등을 알고 싶을 때에는 기후도를 봐요.

편찬도   실측도

제작 방법에 따라 나눈 지도

예를 들어, 우리나라 전도를 만들 때 강원도를 정확히 그린 지도, 경기도를 정확히 그린 지도, 경상도를 정확히 그린 지도 등을 하나로 모아 우리나라 전도를 만든 것이 편찬도예요. 실측도는 지도를 만드는 '원도'를 만들 때 작성하는 지도로, 여러 개의 지도를 모아 만드는 것이 아니라 실제로 측량한 자료를 바탕으로 만든 지도예요.

지도 형태에 따라 평면 지도, 지구의로 나뉘어요

평면 지도는 종이에 그린 지도이고, 지구의는 실제 지구 모양을 축소한 것이고, 모형도는 지형을 입체감 있게 만든 것이에요.

평면 지도는 둥근 지구를 평면에 옮겨 그리는 것으로 면적이나 거리가 실제와 다르지만, 땅 위의 각종 지형, 지물을 상세하게 표시할 수 있다는 것이 장점이지요. 그래서 둥글고 입체적인 지구를 편평한 종이에 어떻게 그려야 할지 많은 지리학자, 지도학자가 그 방법을 연구했어요.

어떤 방법들이 있는지 알아볼까요?

메르카토르 도법

먼저 메르카토르 도법(원통 도법)이 있어요. 이 방법으로 그린 지도는 위도선과 경도선이 모두 직선이지요. 독일의 메르카토르라는 사람이 만든 이 도법은 지구의 땅과 바다를 모두 평평하게 그려 넣을 수 있지만 둥근 지구를 평평하게 펼쳤기 때문에 위도가 높은 지역으로 갈수록 땅 크기가 부풀려진다는 단점이 있어요.

다음으로는 원뿔 도법이 있어요. 지구 표면에 있는 넓은 육지를 보여 주기 위해 사용하는 방법이에요. 제한된 지역의 거리와 방위 그리고 모양을 정확하게 보여 줘요.

원뿔 도법

그리고 구드 도법이 있어요. 이 도법은 대륙과 바다의 면적과 모양을 어느 도법보다도 정확하게 나타낼 수 있어요. 1923년 미국의 구드가 〈구드 세계 지도첩〉의 세계 전도에 사용하기 위해 만든 도법으로, 호몰로사인 도법이라고도 해요.

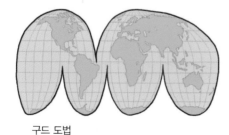

구드 도법

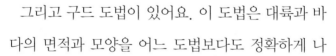

마지막으로 극도법(방위 도법)이 있어요. 지구 전체가 아니라 지구의 한쪽 면만 보여 줘요. 방위와 거리는 정확하지만 지도의 끝 부분으로 갈수록 육지와 바다의 모양과 크기가 달라져요.

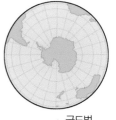

극도법

우리가 살고 있는 지구는 둥근 공 모양이에요. 지구의는 지구의 모습을 그대로 축소해서 만들기 때문에 지구 상에 있는 국가 간의 상호관계와 위치를 파악하는 데 가장 좋아요. 그러나 지구의는 축척이 큰 것은 만들기 어렵고, 작더라도 부피 때문에 휴대하기 불편할 뿐 아니라 전 세계를 한번에 다 볼 수가 없어요. 또 지점과 지점사이의 거리를 측정하기 어려운 단점이 있지요.

지구의

지구의의 역사

기원전 150년 즈음에 킬리키아 지방(지금의 터키)에서 학자 크라테스가 만든 것이 가장 오래된 것으로 알려져 있어요. 중세에 들어 이슬람 세계에서 지구의를 만들었다고 해요. 현재 전해 오는 가장 오래된 지구의는 1492년에 독일의 뉘른베르크에서 마르틴 베하임(Martin Behaim)이 만든 것이에요.

우리나라 최초의 지구의

우리나라에서 맨 처음으로 만든 지구의는 조선 현종 10년(1669년)에 송이영과 이민철이 만든 천문 시계인 혼천의에 추가해서 설치한 것이에요. 이 지구의는 양극을 축으로 시계 장치에 연결되어 정확하게 하루에 한 바퀴 돌게끔 만들어졌어요. 이후 1857년경에 혜강 최한기가 만들었다고 전하는 '청동지구의'가 있어요. 그런데 이것은 이 지구의에 그려져 있는 지도의 내용이 그가 펴낸 〈지구전요〉에 실려 있는 〈지구전후도〉와 비슷하기 때문에 그가 만들었다고 추정하고 있을 뿐이지요.

여기서
잠깐!

알아맞혀 보세요.
다음 중 지도의 종류에 대해 잘못 말하고 있는 사람은 누구인가요? (   )

① 지구의는 지구의 모습을 그대로 줄여서 만들었어.

② 메르카토르 도법은 지구의를 만드는 방법 중 하나야.

③ 평면 지도는 실제 거리나 모습과는 달라.

정답은 56쪽에

생활 속에서 쓰이는 지도들

세상에는 길을 알려 주는 지도만 있는 것이 아니에요. 어느 지역에 사람들이 얼마나 사는지, 날씨는 어떤지, 어디에 어떤 자원이 묻혀 있는지 등 우리의 생활에 필요한 정보들을 담은 다양한 지도가 있지요. 이렇게 지도는 단순히 정보들을 모아 놓은 그림이 아니라, 사람들의 삶과 밀접한 관계를 맺으며 세상을 보여 주는 창문의 역할을 톡톡히 하고 있어요.

그럼, 우리 생활 속에서 사용되는 여러 가지 지도를 만나 볼까요?

지형도
지형을 나타낸 지도로, 우리나라 땅의 생김새와 특징을 알 수 있어요.

도로 지도
땅 위에 나 있는 도로를 그대로 옮긴 지도예요. 새로 만들어진 길이나 앞으로 만들 길도 표시되어 있지요.

인구분포도
어느 지역에 사람들이 얼마나 살고 있는지를 볼 수 있어요.

관광 지도
각 지역의 관광 명소를 재미있는 그림이나 사진으로 나타내요.

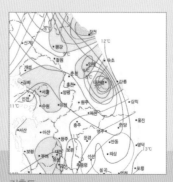

기후도
기온, 비, 눈, 바람 등의 기후를 살펴볼 수 있어요.

지하철 노선도
지하철의 노선을 아주 단순하게 만들
어 놓은 지도예요. 각 노선마다 선의
색이 다르답니다.

지하철 주변 지역 안내도
지하철의 출구 위치와 주변 지역에
무엇이 있는지 알려 줘요.

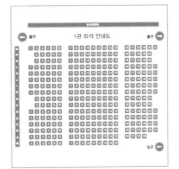

극장 좌석 안내도
극장의 좌석을 안내하는 지도예요. 알
파벳과 숫자를 이용한 좌표로 위치를
나타내요.

환경 지도
우리 동네에는 어떤 동식물이 살고 있
는지, 오염된 곳은 없는지를 알 수 있
어요.

군사 지도
군사적 목적을 가지고 특별히 만든
지도예요. 나라의 매우 중요한 자료들
이 들어 있어요.

우리 생활에
필요한 지리적인
정보를 알려 주는
지도가 이렇게
많구나!

여기서
잠깐!

연결해 보세요.
다음의 지도를 쓰임새에 맞게 연결해 보세요.

지하철 노선도 •

기후도 •

도로 지도 •

• 서울에서 부산까지 가려면
어느 도로로 가야 할까?

• 3호선을 타고 안국역에서 내려라.

• 아, 덥다, 더워! 어디가 또
이렇게 더울까?

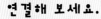

정답은 56쪽에

지도를 만나러 가요

우리 생활에 지도가 없다고 상상해 보세요. 아마 굉장히
불편하겠지요? 모르는 길을 찾아가기도 어렵고, 우리나라가 어디에
있는지 증명할 수도 없을 거예요.

이렇게 우리 삶에 꼭 필요한 지도를 소중하게 생각하며, 이번에는
지도의 역사와 지도를 만드는 과정, 또 지도에 관련된 여러 가지
자료들을 전시해 놓은 곳을 만나러 가 볼까요? 한곳 한곳 둘러보며
우리 주변에서 발견할 수 있는 지도를 만나보아요.

우아! 지도를
만날 수 있는 곳이
이렇게 많이
있구나!

성신여자대학교 박물관

국토지리정보원의 지도박물관

경희대학교 혜정박물관

서울대학교 규장각

국토지리정보원의 지도박물관

지도박물관은 지도 제작과 측량에 관한 역사적 자료를 비롯하여 옛 선조들의 지혜와 세계관이 담긴 고지도를 전시하고 있어요. 또한 오늘날의 발전된 지도를 직접 체험하며 국토 사랑에 대해 배우는 교육의 장이기도 해요.

그럼, 지도박물관에는 무엇이 전시되어 있는지 함께 둘러볼까요?

제2관 역사관
각종 고지도에서부터 김정호의 〈대동여지도〉, 국토지리정보원이 만든 현대 지도에 이르기까지 많은 지도를 전시해 놓았어요. 지도의 기원과 국내 지도 발달 과정 및 세계 지도 변천사를 다양한 유물과 그래픽 패널 영상을 통해 재미있게 감상할 수 있어요.

제3관 현대관

세계 각국의 다양한 지구의를 볼 수 있어요. 또 GIS에 대한 이해와 국토지리정보원이 하는 일 등을 그래픽 패널로 전시해 놓았어요. 시뮬레이션 장비를 통한 한반도 조망 여행과 지도 제작 등을 체험해 볼 수 있어요.

GIS란, 지리에 관련된 모든 자료를 수집하고 분석해 우리 생활에 필요한 지리 정보를 효율적으로 활용하도록 도와 주는 정보 시스템이란다.

제1관 중앙홀

지도박물관의 상징물인 대형 지구 모형을 보면 앞으로 지도박물관에서 만날 지도의 세계가 더욱 더 기대될 거예요. 중앙홀에서는 지구 모형 외에도 대형 한글 한반도 지도인 〈국토사랑〉이 전시되어 있어요.

제4관 야외 전시장

우리나라 지도 제작의 선구자인 고산자 김정호의 동상이 있어요. 또 세계의 위치 기준인 그리니치(Greenwich) 천문대로부터 우리나라 위치의 기준을 설치한 경위도원점을 직접 확인할 수 있지요. GPS 관측 시설, 각종 측량 시설 모형 등도 전시하고 있어요.

경희대학교 혜정박물관

경희대학교 혜정박물관은 우리나라에서 최초로 세워진 최대 규모의 고지도 전문 박물관이에요. 혜정박물관은 서양에서 만든 고지도와 지도첩을 비롯하여 고지도와 관련된 다양한 옛 문헌 자료를 소장하고 있어요.

혜정박물관은 고지도를 전시하는 것뿐만 아니라 우리나라와 주변 나라의 역사, 지리 및 문화를 연구해요.

제1전시실

고지도란 무엇이며, 어떻게 보는지, 또 제작 과정과 세계의 지도 제작자들을 소개하고 있어요. 또한 고지도에 등장하는 우리나라의 모습과 명칭 등을 통해 당시 세계 사람들이 우리나라에 대해 가지고 있던 생각과 인식이 어떠했는가에 대해서도 탐구해 볼 수 있어요.

혜정박물관에서는 세계 지도에 나타난 우리나라 영토의 모습을 볼 수 있어서 참 흥미롭단다.

제3전시실

우리의 땅과 바다의 역사가 고지도에는 어떻게 나타나 있는지 살펴볼 수 있어요. 동해의 정당한 이름이 무엇이며 어떤 과정을 통해 그 이름이 잘못 알려지게 되었는지 생각해볼 수 있지요. 또한 제주도와 울릉도, 독도가 고지도에 어떻게 그려져 있는지 보고, 그 역사에 대해 새로운 시각으로 접근해 볼 수 있어요.

서양에서는 이런 고지도 덕분에 항해 기술이 발달했대. 콜럼버스는 지도를 보고 항해를 떠나 아메리카 대륙을 발견했지!

프톨레마이오스의 세계 지도

제2전시실
우리나라의 고지도가 어떻게 변화하고 발달하였으며, 어떤 특징을 갖고 있는지를 알아볼 수 있어요. 또한 우리나라의 동서남북이 서양 고지도에는 어떻게 반영되었는지를 볼 수 있어요.

특별전시실
어린이들을 위한 특별전시실로, 진행 중인 특별전시를 둘러보고, 체험학습 교육도 할 수 있는 곳이에요.

47

그 밖에 지도를 만날 수 있는 곳

국토지리정보원의 지도박물관과 경희대학교 혜정박물관 이 외에도 지도를 만날 수 있는 박물관이 있어요. 바로 서울대학교 규장각과 성신여자대학교 박물관이에요.

서울대학교 규장각

서울대학교 규장각

규장각은 조선 정조 때 세워진 기관으로 국립 도서관과 같은 역할을 한 곳이에요. 역대 왕들이 쓴 글과 그림, 책 등을 보관하고 관리하던 곳이었지요. 현재 규장각에서 보관하고 있던 문헌 자료들은 서울대학교 규장각에서 만날 수 있어요. 3층 높이의 건물 한 벽면을 차지할 정도로 큰 〈대동여지도〉의 모습이나 〈혼일강리역대국도지도〉를 볼 수 있어요.

성신여자대학교 박물관

성신여자대학교 안에 있는 성신여자대학교 박물관은 도자기, 서화, 금속 공예품 등 우리나라의 전통적인 아름다움과 옛 조상들의 생활 모습을 알아볼 수 있는 종합박물관이에요. 특히 박물관 제1전시실은 고지도를 중심으로 전시하

성신여자대학교 박물관

는데, 대동여지도를 비롯하여 〈동국지도〉, 〈천하도〉, 〈수선전도〉 등 지도를 공부하며 보았던 많은 지도를 실제로 만나볼 수 있어요.

규장각 찾아가기

지하철 2호선 신림역 3번 출구로 나와 5516번, 5518번 버스를 타고 법대 정류장에서 내려요. 또는 2호선 서울대입구역 3번 출구로 나와 5511번, 5513번을 타고 법대 정류장이나 본부 앞에서 내리면 규장각이 보여요.
문의 (02)880-5316

성신여자대학교 박물관 찾아가기

지하철 4호선 성신여대입구역 1번 출구로 나와 성신여자대학교를 가리키는 이정표를 따라 10분 정도 걸어가면 찾아올 수 있어요.
문의 (02)920-7325

우리나라 지도 보기

아시아 대륙의 동쪽 끝에 자리잡고 있는 우리나라는 남북으로 길게 뻗은 반도와 3,200여 개의 섬으로 이루어져 있어요. 자, 그럼 지도를 통해 알 수 있는 우리나라의 특징은 무엇이 있는지 알아볼까요?

지도를 보면 우리나라의 위치와 지리적인 특징을 한눈에 알아볼 수 있어.

우리나라의 국경이 어느 나라와 맞닿아 있는지 알 수 있어요. 우리나라의 북쪽 국경은 압록강과 두만강을 건너 중국의 만주와 러시아의 연해주에 접해 있어요.

지도의 등고선을 보면 우리나라의 북쪽과 동해안에 맞닿아 있는 동쪽은 산이 많은 산악 지형임을 알 수 있어요.

우리나라 서쪽은 비교적 지형이 낮은 평야 지대임을 알 수 있지요.

동쪽의 지형이 높고, 서쪽의 지형이 낮은 것을 볼 때 우리나라의 강은 동쪽에서 서쪽을 향해 흐른다는 것을 알 수 있어요.

지도를 보면 우리나라의 주요 도로와 철도가 어떻게 나 있는지 알 수 있어요.

지도를 보니 우리나라의 행정구역은 9개의 도로 나뉘어 있어요. 또한 범례의 내용을 따라 지도를 보면 남한의 수도는 서울이며, 북한의 수도는 평양임을 알 수 있어요. 각 도에 어떤 도시들이 있는지 살펴보며, 내가 살고 있는 곳은 어디인지도 짚어볼 수 있지요.

지도 여행을 마치며

지구에 사람이 살기 시작하면서 생겨난 지도는 처음에는 그림이나 기호로 그리다가 오늘날에는 인공위성의 도움으로 더욱 더 정밀하게 그릴 수 있게 되었어요.

지도는 옛날부터 오늘날까지 그 형태나 종류가 변화해 온 것과 동시에 우리 나라 역사의 변화까지도 고스란히 담고 있어요. 사람들이 어떻게 생각하는지에 따라 지도의 형태가 달라지고, 지명이 붙기 때문이에요. 따라서 옛 지도를 보면 우리의 조상들이 어떤 눈으로 세상을 바라보고, 어떤 생각을 했는지를 배울 수 있지요. 그래서 지도는 과거와 현재, 미래를 이어 주는 세상을 향한 통로랍니다.

과거에 더 멀리, 더 새로운 곳으로 나아가고자 한 사람들의 마음은 탐험을 가능하게 했고, 탐험은 지도를 그리고자 하는 생각으로 이어졌지요. 지도의 발명은 또 다른 탐험을, 탐험은 더 발전된 지도를 만드는 원동력이 되었어요.

지도는 모르고 보면 그저 복잡한 선과 기호로 되어 있는 그림일 뿐이에요. 그러나 제대로 알고 보면 우리가 사는 세상을 보여 주는 생생한 그림이지요. 지도를 보는 눈을 기르면 우리가 생활하는 주변 세상이 달라 보일 거예요. 새로운 세상으로 나가는 것도 두렵지 않지요.

이제는 여러분이 더 다양하고 자세한 지도를 만들어 내고, 그 지도와 함께 아직도 남아 있는 새로운 곳을 탐험하고 개척할 차례랍니다. 모두가 관심을 가지고 노력해야 지도를 더욱 발전시킬 수 있다는 것을 알 수 있겠지요?

나는지도 박사

지도의 역사부터 종류, 지도에 담긴 내용까지 잘 이해할 수 있었나요? 지도박물관이나 지도와 관련된 전시를 하는 곳을 찾아가 직접 보는 것도 지도를 더 잘 이해하는 데 도움이 될 거예요. 자, 이제 마음을 가다듬고 우리가 지도에 대해 무엇을 공부했는지 문제를 풀면서 정리해 보세요. 하나하나 확인하며 문제를 풀다 보면 지도에 대한 이해가 훨씬 쉬워질 거예요.

① 알맞은 것끼리 연결해 보세요.

이럴 땐 어떤 지도가 필요할까요? 알맞은 지도와 연결해 보세요.

세계에는 어떤 나라가
있는지 알고 싶어요.
●

모르는 곳을 찾아가려고 해요.
길을 알고 싶어요.
●

우리나라의 행정 구역을
알고 싶어요.
●

●

●

●

② O, X 퀴즈를 풀어 보세요.

〈대동여지도〉에 대한 아래 설명을 잘 읽고 맞는 것에는 O 표, 틀린 것에는 X 표 하세요.

1) 〈대동여지도〉는 고산자 김정호가 만들었어요. (　　)

2) 고려 시대의 전국 지도예요. (　　)

3) 〈대동여지도〉는 3층 높이의 한 장으로 만들어져 있어요. (　　)

4) 여러 권으로 나뉘어 필요한 부분만 가지고 다닐 수 있어요. (　　)

5) 다량으로 만들어 낼 수 있는 목판본 지도예요. (　　)

6) 〈대동여지도〉에는 지도의 이해를 돕기 위해 지도표가 있어요. (　　)

7) 현재 우리나라의 지도와 비교해 보면 전혀 달라요. (　　)

8) 〈대동여지도〉는 원본이 없어 복사본만 전해 와요. (　　)

③ 바르게 연결해 보세요.

지도에 대한 여러 가지 사실들을 설명한 글이에요. 어떤 지도에 대한 설명인지 연결해 보세요.

우리나라 최초의 세계 지도예요. 현재의 지도와 비교하면 부족한 면이 많지만 1400년대 초에 그려진 세계 지도 중에서는 가장 훌륭한 지도이지요.

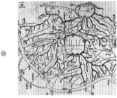

〈경조오부도〉

세계에서 가장 오래된 지도예요. 기원전 약 700년 전에 진흙판에 그려진 지도예요.

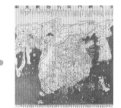

〈혼일강리역대국도지도〉

김정호의 〈대동여지도〉에 속한 서울 지도예요. 도성을 비롯하여 서울 주변의 모습도 담고 있어요.

바빌로니아 점토 지도

④ 틀린 것을 고르세요.

지도에 나오는 건물과 건물에 해당하는 기호가 잘못 짝지어진 것을 고르세요.

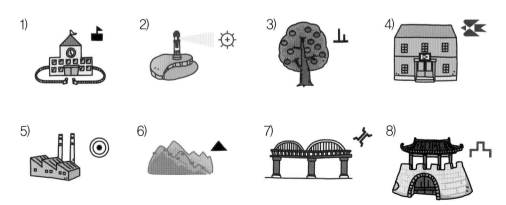

정답은 56쪽에

우리 동네 지도 그리기

지금까지 지도에 관한 많은 것들을 살펴보았어요.
그 중 지도를 그리는 데 어떤 약속들을 사용했는지
기억나나요? 선이나 색, 기호, 축척 등을 사용했지요?
그럼 이러한 약속들을 떠올리며 우리 동네 지도를 직접
그려 볼까요? 동네의 이곳저곳이 새롭게 보일 거예요.

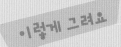

준비물   연필, 자, 색연필 등

순서

①

무엇을 그려 넣을지 정해요.
동네 전체의 모습과 특징을 알
아보기 쉽도록 동네에서 중요
한 것만 골라서 그려요.

② 북 서 ♁ 동 남

방위를 정하고, 중심이 되는 건
물을 그려요. 방위표를 그리거
나 종이 위쪽이 북쪽이 되도록
방위를 정하고, 지도 한가운데
학교를 그리면 되지요.

③

주요 도로와 건물, 철도, 하천
등을 기호로 그려 넣어요.

> 먼저
> 방위를 정한 뒤
> 주요 환경을
> 그리는 거야.

④

주택이나 상점이 많은 곳, 논
밭이나 산도 차례로 그려 넣
어요.

⑤

알맞게 색칠해요.

여기서
잠깐!

7쪽 ②

9쪽 동굴 벽이나 점토 판, 나무 판, 파피루스 등

11쪽 ③ 조선 시대

13쪽 ②

27쪽 아시아

33쪽 위도 : 북위 37도 34분
경도 : 동경 126도 59분

39쪽 ②

41쪽 지하철 노선도 ●   ● 서울에서 부산까지 가려면
     기후도   어느 도로로 가야 할까?
                      ● 3호선을 타고 안국역에서 내려라.
     도로 지도 ●   ● 아, 덥다, 더워! 어디가 또
                      이렇게 더울까?

나는 지도 박사!

① 알맞은 것끼리 연결해 보세요.

세계에는 어떤 나라가   모르는 곳을 찾아가려   우리나라의 행정구역
있는지 알고 싶어요   고 해요. 길을 알고 싶   을 알고 싶어요.
                        어요.

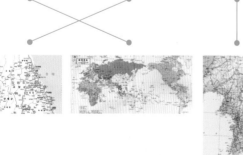

② O, X 퀴즈를 풀어 보세요.

1) 〈대동여지도〉는 고산자 김정호가 만들었어요. (O)

2) 고려 시대의 전국 지도예요. (X)

3) 〈대동여지도〉는 3층 높이의 한 장으로 만들어져 있어요. (X)

4) 여러 권으로 나뉘어 필요한 부분만 가지고 다닐 수 있어요. (O)

5) 다량으로 만들어 낼 수 있는 목판본 지도예요. (O)

6) 〈대동여지도〉에는 지도의 이해를 돕기 위해 지도표가 있어요. (O)

7) 현재 우리나라의 지도와 비교해 보면 전혀 달라요. (X)

8) 〈대동여지도〉는 원본이 없어 복사본만 전해 와요. (O)

③ 바르게 연결해 보세요.

우리나라 최초의 세계 지도예
요. 현재의 지도와 비교하면
부족한 면이 많지만 1400년대
초에 그려진 세계 지도 중에서
는 가장 훌륭한 지도이지요.

〈경조오부도〉

세계에서 가장 오래된 지도예
요. 기원전 약 700년 전에 진
흙판에 그려진 지도예요.

〈혼일강리역대국도지도〉

김정호의 〈대동여지도〉에 속한
서울 지도예요. 도성을 비롯하
여 서울 주변의 모습도 담고
있어요.

바빌로니아 점토 지도

④ 틀린 것을 고르세요.

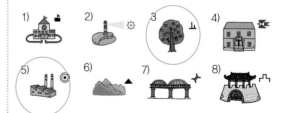

1)   2)   3)   4)

5)   6)   7)   8)

사진

국립중앙박물관 3p(대동여지전도), 17p, 44p(경조오부도), 17p(전라도 무장현 지도, 압록강 국경 지도)

서울대학교 규장각 5p, 14p(대동여지도 김정호 목판본), 15p(나누어 접은 대동여지도)

엔싸이버 포토박스 43p, 45p(지도박물관 중앙홀), 43p(지도박물관 현대관, 지도박물관 김정호 동상)

초등학교 교과서와 관련된 학년별 현장 체험학습 추천 장소

1학년 1학기 (21곳)	1학년 2학기 (18곳)	2학년 1학기 (21곳)	2학년 2학기 (25곳)	3학년 1학기 (31곳)	3학년 2학기 (37곳)
철도박물관	농촌 체험	소방서와 경찰서	소방서와 경찰서	경희대자연사박물관	IT월드(과천정보나라)
소방서와 경찰서	광릉	서울대공원 동물원	서울대공원 동물원	광릉수목원	강원도
시민안전체험관	홍릉 산림과학관	농촌 체험	강릉단오제	국립민속박물관	경희대자연사박물관
천마산	소방서와 경찰서	천마산	천마산	국립서울과학관	광릉수목원
서울대공원 동물원	월드컵공원	남산골 한옥마을	월드컵공원	국립중앙박물관	국립경주박물관
농촌 체험	시민안전체험관	한국민속촌	남산골 한옥마을	기상청	국립고궁박물관
코엑스 아쿠아리움	서울대공원 동물원	국립서울과학관	한국민속촌	서대문자연사박물관	국립국악박물관
선유도공원	우포늪	서울숲	농촌 체험	선유도공원	국립부여박물관
양재천	철새	갯벌	서울숲	시장 체험	국립서울과학관
한강	코엑스 아쿠아리움	양재천	양재천	신문박물관	남산
에버랜드	짚풀생활사박물관	동굴	선유도공원	경상북도	남산골 한옥마을
서울숲	국악박물관	고성 공룡박물관	불국사와 석굴암	양재천	롯데월드민속박물관
갯벌	천문대	코엑스 아쿠아리움	국립중앙박물관	경기도	국립민속박물관
고성 공룡박물관	자연생태박물관	옹기민속박물관	국립민속박물관	이화여대자연사박물관	삼성어린이박물관
서대문자연사박물관	세종문화회관	기상청	전쟁기념관	전쟁기념관	서대문자연사박물관
옹기민속박물관	예술의 전당	시장 체험	판소리	천마산	선유도공원
어린이 교통공원	어린이대공원	에버랜드	DMZ	한강	소방서와 경찰서
어린이 도서관	서울놀이마당	경복궁	시장 체험	화폐금융박물관	시민안전체험관
서울대공원		강릉단오제	광릉	호림박물관	경상북도
남산자연공원		몽촌역사관	홍릉 산림과학관	홍릉 산림과학관	월드컵공원
삼성어린이박물관		국립현대미술관	국립현충원	우포늪	육군사관학교
			국립4·19묘지	소나무 극장	해군사관학교
			지구촌민속박물관	예지원	공군사관학교
			우정박물관	자운서원	철도박물관
			한국통신박물관	서울타워	이화여대자연사박물관
				국립중앙과학관	제주도
				엑스포과학공원	천마산
				올림픽공원	천문대
				전라남도	태백석탄박물관
				경상남도	판소리박물관
				허준박물관	한국민속촌
					임진각
					오두산 통일전망대
					한국천문연구원
					종이미술박물관
					짚풀생활사박물관
					토탈야외미술관

4학년 1학기 (34곳)	4학년 2학기 (56곳)	5학년 1학기 (35곳)	5학년 2학기 (51곳)	6학년 1학기 (36곳)	6학년 2학기 (39곳)
강화도	IT월드 (과천정보나라)	갯벌	IT월드(과천정보나라)	경기도박물관	IT월드(과천정보나라)
갯벌	강화도	광릉수목원	강원도	경복궁	KBS 방송국
경희대자연사박물관	경기도박물관	국립민속박물관	경기도박물관	덕수궁과 정동	경기도박물관
광릉수목원	경복궁 / 경상북도	국립중앙박물관	경복궁	경상북도	경복궁
국립서울과학관	경주역사유적지구	기상청	덕수궁과 정동	고성 공룡박물관	경희대자연사박물관
기상청	경희대자연사박물관	남산골 한옥마을	경상북도	국립민속박물관	광릉수목원
농촌 체험	고창, 화순, 강화 고인돌유적	농업박물관	경희대자연사박물관	국립서울과학관	국립민속박물관
서대문자연사박물관	전라북도	농촌 체험	고인쇄박물관	국립중앙박물관	국립중앙박물관
서대문형무소역사관	고성공룡박물관	서울국립과학관	충청도	농업박물관	국회의사당
서울역사박물관	충청도	서울대공원 동물원	광릉수목원	롯데월드민속박물관	기상청
소방서와 경찰서	국립경주박물관	서울숲	국립공주박물관	몽촌토성과 풍납토성	남산
수원화성	국립민속박물관	서울시청	국립경주박물관	민주화현장	남산골 한옥마을
시장 체험	국립부여박물관	서울역사박물관	국립고궁박물관	백범기념관	대법원
경상북도	국립서울과학관	시민안전체험관	국립민속박물관	서대문자연사박물관	대학로
양재천	국립중앙박물관	경상북도	국립서울과학관	서대문형무소 역사관	민주화현장
옹기민속박물관	국립국악박물관 / 남산	양재천	국립중앙박물관	서울역사박물관	백범기념관
월드컵공원	남산골 한옥마을	강원도	남산골 한옥마을	조선의 왕릉	아인스월드
철도박물관	농업박물관 / 대법원	월드컵공원	농업박물관	성균관	서대문자연사박물관
이화여대자연사박물관	대학로	유명산	롯데월드민속박물관	시민안전체험관	국립서울과학관
천마산	롯데월드민속박물관	제주도	충청도	경상북도	서울숲
천문대	몽촌토성과 풍납토성	짚풀생활사박물관	서대문자연사박물관	암사동 선사주거지	신문박물관
철새	불국사와 석굴암	천마산	성균관	운현궁과 인사동	양재천
홍릉 산림과학관	서대문자연사박물관	한강	세종대왕기념관	전쟁기념관	월드컵공원
화폐금융박물관	서울대공원 동물원	한국민속촌	수원화성	천문대	육군사관학교
선유도공원	서울숲	호림박물관	시민안전체험관	철새	이화여대자연사박물관
독립공원	서울역사박물관	홍릉 산림과학관	시장 체험 / 신문박물관	청계천	중남미박물관
탑골공원	조선의 왕릉	하회마을	경기도	짚풀생활사박물관	짚풀생활사박물관
신문박물관	세종대왕기념관	대법원	강원도	태백석탄박물관	창덕궁
서울시의회	수원화성	김치박물관	경상북도	해인사 고려대장경과 장경판전	천문대
선거관리위원회	승정원 일기 / 양재천	난지하수처리사업소	옹기민속박물관	호림박물관	우포늪
소양댐	옹기민속박물관	농촌, 어촌, 산촌 마을	운현궁과 인사동	유니세프 한국위원회	판소리박물관
서남하수처리사업소	월드컵공원	들꽃수목원	육군사관학교	무령왕릉	한강
중랑구재활용센터	육군사관학교	정보나라	이화여대자연사박물관	현충사	홍릉 산림과학관
중랑하수처리사업소	철도박물관	드림랜드	전라북도	덕포진교육박물관	화폐금융박물관
	이화여대자연사박물관	국립극장	전쟁박물관	서울대학교 의학박물관	훈민정음
	조선왕조실록 / 종묘		창경궁 / 천마산	상수허브랜드	상수도연구소
	종묘제례		천문대		한국자원공사
	창경궁 / 창덕궁		태백석탄박물관		동대문소방서
	천문대 / 청계천		한강		중앙119구조대
	태백석탄박물관		한국민속촌		
	판소리 / 한강		해인사 고려대장경과 장경판전		
	한국민속촌		화폐금융박물관		
	해인사 고려대장경과 장경판전		중남미문화원		
	호림박물관		첨성대		
	화폐금융박물관		절두산순교유적지		
	훈민정음		천도교 중앙대교당		
	온양민속박물관		한국에너지기술연구원		
	아인스월드		한국자수박물관		
			초전섬유퀼트박물관		